Convivir con la ansiedad

Colección «Psicología»

10

John P. Forsyth
Georg H. Eifert

Convivir con la ansiedad

52 estrategias para alcanzar la paz mental

Mensajero

Título original:
Anxiety Happens
52 Ways to Find Peace of Mind

Publicado originariamente en los Estados Unidos por
New Harbinger Publications, Inc.
5674 Shattuck Avenue
Oakland, CA 94609
www.newharbinger.com

Traducción:
Beatriz García Alonso

Grupo de Comunicación Loyola
Padre Lojendio, 2
48008 Bilbao – España
Tfno.: +34 94 447 0358
info@gcloyola.com
gcloyola.com

Diseño de cubierta:
Vicente Aznar Mengual, SJ

Fotocomposición:
Marín Creación, S.C. – Burgos / www.marincreacion.com

Impreso en España. *Printed in Spain*
ISBN: 978-84-271-4491-0
Depósito legal: BI-698-2020

Impresión y encuadernación:
GZ Printek, S.A.L. – Zamudio (Vizcaya) / www.gzprintek.com

Para mi mujer, Jamie: tu apoyo y tu amor incondicionales han convertido la oscuridad en una luz brillante, y han hecho que hoy todo sea posible. ¡Te quiero! Y para las muchísimas personas que luchan contra la ansiedad y el miedo: este libro da testimonio de vuestra valentía, fuerza y voluntad.

JPF

Para mi mujer, Diana: doy gracias y me siento completamente bendecido por compartir nuestros caminos hacia la plenitud con amor, humor y alegría. Sabemos que somos nosotros quienes albergamos todas las opciones. Y para mis profesores, todos ellos distintos y piezas clave también en diferentes momentos: sin vuestra inspiración no estaría donde hoy estoy.

GHE

Índice

Reconocimientos

Las semillas de este libro se plantaron hace varios años, cuando Catherine Myers, nuestra editora asociada en New Harbinger y amiga desde hace mucho tiempo, nos animó a compartir nuestra sabiduría colectiva, nuestras enseñanzas y los ejercicios que durante años hemos visto que son enormemente beneficiosos para tantísima gente que lucha contra la ansiedad. Catherine nos ha apoyado siempre sin descanso en los muchos proyectos de escritura en los que nos hemos embarcado a lo largo de más de una década, y ha sido ella también quien nos ha inspirado a escribir este libro. Apreciamos profundamente su amistad y sabio consejo, así como su espíritu creativo y sus dotes editoriales. ¡Gracias!

Nos gustaría también dar las gracias a nuestra correctora, Kristi Hein, por su inagotable y magistral revisión. El libro que tienes ahora en las manos es mejor de lo que era gracias a su sutil toque y a las sagaces sugerencias que nos hizo durante el proceso de edición.

Por último, queremos darte las gracias a ti, lector, por tener la suficiente fe en nosotros como para escoger este libro y ver qué podría ofrecerte. Queremos que sepas que no estás recorriendo el camino solo y que tienes todo lo que necesitas para sentirte mejor cuando la ansiedad aparece. Te deseamos mucha paz y mucha alegría en tu viaje por la vida.

Introducción

Vivimos en la era de la ansiedad. Esta es una experiencia compartida por millones de personas en este planeta. Quizás sepas cómo es. La sientes. La piensas. Quizás te enfrentas a ella desde el mismo instante en que te despiertas hasta que te vas a dormir por la noche. Incluso entonces, posiblemente dormir no te resulte un consuelo.

No hay forma de escapar de esta sencilla verdad. La ansiedad reside en nosotros desde tiempos inmemoriales. Nuestros ancestros la necesitaron para sobrevivir. Y nosotros también la necesitamos. Sin embargo, en nuestro moderno mundo industrializado, pocos de nosotros hemos de hacer frente a depredadores cada día. Aun así, muchos experimentamos ansiedad y miedo a diario y, en cierto modo, nos creemos perseguidos por un león hambriento que va allí donde nosotros vamos. Con el tiempo, la ansiedad puede acabar para siempre con tu pasión y tu entusiasmo por la vida. Y puede tomar literalmente las riendas de tu vida y *convertirse* en tu vida. Ya es suficientemente malo el simple hecho de tener ansiedad. Pero cuando la ansiedad, además, te priva de tu libertad, tienes un *problema* con la ansiedad. Y esto no tiene por qué ser así.

Este libro te ofrece 52 estrategias para liberarte de los cepos, las trampas y todas las falsas esperanzas y promesas que la ansiedad y el miedo te ponen. Como si fuera un niño con un berrinche, la ansiedad se mete por la fuerza en nuestra conciencia y consume nuestra energía, nuestros recursos, y nuestra determinación. Grita: «*Préstame atención o si no…*». Te hace creer que tu vida está en juego. Pero el mensaje más grande que esconde el «o si no» es este: «No serás feliz mientras sientas ansiedad o miedo». Este planteamiento es el escenario natural de una lucha infinita. La ansiedad deja de ser una emoción que se puede sentir y experimentar. La ansiedad es ahora un problema que necesariamente tienes que superar antes de que puedas llegar a tener el tipo de vida que tan desesperadamente quieres. Pero esto tampoco tiene por qué ser así.

La lucha nos sale cara

La sabiduría antigua y la ciencia moderna nos enseñan que la ansiedad y el miedo son dos de las muchas emociones desagradables que todos los seres humanos experimentarán mientras estén vivos. De hecho, no estarías leyendo este libro si no existieran. Pero la batalla contra la ansiedad es diferente. Es fuente de gran penuria y dolor, y, en la mayoría de los casos, es innecesaria. Eso es importante entenderlo.

A menudo, cuando la ansiedad y el miedo aparecen, los consideramos el enemigo. Nos insensibilizamos, nos paralizamos y nos recluimos. Entonces, naturalmente, queremos luchar para enterrarlos, enfrentarnos o escapar de ellos. Mientras tanto, las manecillas del reloj siguen avanzando. Los momentos que pasamos luchando para lograr sentirnos menos ansiosos o asustados se van sumando, y los esfuerzos prolongados empiezan a dejarse sentir. Si no haces nada por evitar que esto suceda, te podrías hallar a ti mismo un día volviendo la vista atrás y haciendo frente al peor tipo de dolor que existe: el dolor de los arrepentimientos y lamentos por las oportunidades perdidas.

La ansiedad en sí misma, sin la lucha, puede ser útil de muchas formas. Nuestros antepasados la necesitaban para mantenerse seguros y vivos. Nosotros la necesitamos en el mundo moderno también. La ansiedad a veces funciona como una llamada de alerta que nos dice que algo está mal, o incluso que es dañino o peligroso. Podría incluso darte un empujón para alcanzar tus objetivos. O podría ser un aviso de que algo pasa en tu vida. Puede que estés siguiendo un rumbo equivocado y que te encuentres lejos de la vida que deseas llevar. Ahí aparecerá también la ansiedad. La ansiedad podría ser igualmente una señal de que hay algo tan importante para ti que te preocupas muchísimo por ello. Tanto, que te aterra perderlo.

Lo que *no necesitas* es estar luchando constantemente contra la ansiedad. Resulta paradójico, pero, cuanto más intentas liberarte de la ansiedad, más te controla ella a ti. A menudo aumenta con el tiempo. Aprender *a «dejar ir» esa lucha* es un poderoso antídoto contra el sufrimiento causado por las interminables batallas libradas en vano contra tu dolor emocional.

La libertad para crear la mejor vida que puedas

Desde el principio de los tiempos, millones de personas en todo el mundo han sentido los golpes demoledores de la ansiedad y del miedo, que nos hacen autolimitarnos. Por supuesto, también nosotros. Muchos han hallado además una enorme gracia y sanación al caminar por sí mismos a través del material que estamos a punto de compartir con vosotros. Y sus vidas son mejores gracias a ello. Esto mismo te puede pasar a ti.

Estas páginas te ofrecen esperanza y un camino hacia la vida que deseas, en la que no te sientes atascado por tus luchas contra la ansiedad. Este nuevo enfoque se basa en diversas corrientes de sólida investigación, nuestra y de otros, que abarcan la ciencia de las emociones (es decir, trabajos que demuestran que la supresión y el control de los pensamientos y de los sentimientos los hace peores); intervenciones basadas en la atención plena (*mindfulness*), como la terapia de aceptación y compromiso (ACT, por sus siglas en inglés); y la investigación contemporánea que apoya los cambios de vida positivos, el desarrollo humano y la salud y el bienestar psicológicos. No nos ocuparemos de la parte científica en este libro, pues no es este el lugar para ello. En vez de eso, buscamos ofrecerte un conjunto de estrategias probadas que te ayudarán a inclinar la balanza hacia donde la ansiedad se convierte simplemente en una parte normal de una vida plena. Pero esto es algo difícil de hacer a menos que estés dispuesto a mirar las cosas de manera diferente.

Hay un espacio entre tú y lo que tú piensas y sientes, un momento en el tiempo en que puedes escoger cómo responder y qué harás. En este espacio, puedes elegir relacionarte de una forma distinta con tu mente y tu cuerpo presos de la ansiedad, y con tu vida. Puedes aprender a prescindir de la lucha y a empezar a moverte en las direcciones hacia las que quieres que avance tu vida. Esta es la forma de crear una felicidad genuina, de alcanzar la paz mental, de vivir «a tope» Este libro no persigue sino ayudarte a iniciar este viaje.

Algunas de las ideas y enseñanzas contenidas en este manual podrían parecerte raras, anticuadas, incluso puede que te resulten fuera de lugar. Pero si perseveras, lograrás liberarte del sufrimiento y la agitación que la ansiedad genera en tu vida. Aprenderás cómo transformar tu relación con la ansiedad. No volverás a sentirte atormentado por ella. No volverás a ser su esclavo. Aprenderás a sacar provecho de tu fuerza interior y de tu valor para permitir que la ansiedad esté ahí, pero sin machacarte. Entonces, y solo entonces, serás libre para hacer lo que realmente te importa.

Te invitamos a sumergirte en este libro con una mentalidad abierta y dispuesto a intentar algo nuevo, contrario y distinto a lo que has hecho antes. Mientras lo haces, ten presente que no te estamos pidiendo que te guste todo lo que piensas o sientes. A nadie le gustan ni la ansiedad ni el miedo. Tampoco te pediremos que apruebes las injusticias pasadas cometidas contra ti. Lo que sí te enseñaremos es a *ir más allá de la ansiedad y del miedo*, y a crear las condiciones óptimas para que logres tu auténtica felicidad y *la paz mental*. Eso sí es algo que puedes hacer.

Usa este libro de manera inteligente

El presente libro te enseñará 52 maneras de dejar de intentar huir de tu ansiedad, tus miedos y tus preocupaciones, y, en vez de ello, pasar más tiempo creando la vida que quieres vivir. Para beneficiarte de ello, no tienes que creer en lo que decimos. Ni siquiera tienes que entenderlo todo.

Los sencillos, breves y poderosos ejercicios que te proponemos en las páginas que siguen te ofrecen nuevas experiencias y destrezas, y nuevas formas de afrontar la ansiedad *y* tu vida en general. Haz los ejercicios en un lugar tranquilo en el que te sientas cómodo y donde no encuentres demasiadas distracciones. Llamemos a este sitio tu lugar de paz, tu refugio seguro. Tan solo lee las instrucciones dos veces y síguelas lo mejor que puedas.

Te garantizamos que tu mente va a arrojarte infinidad de argumentos en cuanto a por qué esto o aquello suena imposible, demasiado difícil o carece de sentido. Cuando semejantes pensamientos aparezcan, agradece a tu mente cada uno de ellos. Y luego sigue. No tienes necesidad de discutir con tu mente. No te atasques intentando convencerte a ti mismo de nada.

Solo te pedimos que permanezcas receptivo. Haz los ejercicios y comprueba si, con el tiempo, empiezan a funcionarte. Tienes poco que perder y mucho que ganar abordando tus problemas de ansiedad de una manera radicalmente distinta. Te mostraremos dicha manera.

Por supuesto, no tienes que seguir haciendo *todos* estos ejercicios siempre. Su finalidad es enseñarte una nueva forma de navegar por los vaivenes de la vida para que puedas vivir en consonancia con lo que te importa. Anota los ejercicios que mejor te funcionan y sigue practicando únicamente esos. Después de un tiempo se tornarán un hábito. También es buena idea volver atrás y releer los capítulos que tratan de las cuestiones con las que sigues teniendo dificultades.

Ten presente en todo momento que este libro ofrece un viaje de cambio, crecimiento y autodescubrimiento. Para lograr una auténtica diferencia en tu vida, necesitarás empezar a hacer algo nuevo y distinto a cualquier cosa que hayas hecho antes. Y justo eso es lo que este libro te ofrece: la esperanza de una vida nueva, incluso con ansiedad. Si trabajas con esta guía derrochando entusiasmo y sinceridad, te ayudará. Descubrirás que eres más libre para poner en práctica tu capacidad de crear tu propio destino sin que la ansiedad te imponga sus límites. Todo eso lo sabemos bien por la investigación que hemos llevado a cabo y por nuestra propia experiencia. Así que, ¡manos a la obra!

1

VIVE tu vida

Todos nosotros queremos ser realmente felices y sentirnos cada día mejor. Pero no es fácil lograrlo. La vida inevitablemente pone ante nosotros obstáculos, problemas y dolor. Nadie puede escapar de esta sencilla verdad. Mas esto no significa que tengas que estar amargado. No quiere decir que debas vivir con miedo.

La ansiedad surge, ocurre. No es algo que podamos elegir. Pero puedes vivir tu vida sin que la ansiedad te controle. Y eso no implica que no vayas a volver a sentir ninguna emoción dolorosa. Volverás a sentirla. Volveremos a sentirla. Cada persona que habita este planeta la sentirá. Sin embargo, sentir estas emociones, cuando las sientas, no quiere decir que tengas que sufrir.

Las emociones surgen, ocurren. Tenemos poco control sobre ellas. Pero sí puedes controlar cómo responder a tu vida emocional. La ansiedad no tiene que controlarte. Eres tú quien puede decidir si la ansiedad y el miedo te controlan o no. Puedes aprender a sentir lo que quiera que sientas y a pensar lo que pienses *y* avanzar para crear el tipo de vida que deseas vivir. Este es el camino para dejar salir tu fuerza interior, controlar tu vida y crear tu verdadera felicidad.

Tú puedes crear las condiciones necesarias para alcanzar tu felicidad y tu paz mental. No tienes por qué quedarte atascado en la ansiedad y el miedo ni atrapado por las dificultades que la vida te presenta. El truco está en aprender a vivir bien cuando la vida se vuelve dura y cruel. Este es precisamente el núcleo del enfoque que planteamos en este libro y que designamos con el acrónimo VIVE.

Vacíate. *Libérate. Deja ir.* Seguramente has escuchado alguna vez que «todo aquello a lo que resistes, persiste». Y lo que resistes magnificará tu dolor y tu sufrimiento, te absorberá la energía y te robará la libertad. Para salir de este círculo, hay que aprender a despojarse –a *dejar ir*– de la lucha contra lo que tu cabeza y tu cuerpo te ofrecen. De esta forma, podrás disponer de toda tu energía y tus preciados recursos para llevar a cabo lo que realmente te importa y VIVIR sin que el miedo te controle.

Invita. *Acoge. Acepta.* Nadie elige la ansiedad. Sin embargo, sí puedes elegir la relación que estableces con ella. En lugar de resistirte, aprende a abrirte y aceptar lo que de una forma u otra estás experimentando. Así, te vuelves una persona curiosa. Aprendes a acoger con agrado todos los aspectos que forman parte de ti, todo lo que tu mente, tu cuerpo y tu vida emocional te hacen llegar. Miras y recibes con amabilidad y compasión, con amor, todas tus experiencias. El dar un paso atrás y acogerlas te ayudará a hallar la paz y la felicidad, aun en momentos de dificultad, y a VIVIR tu mejor vida.

Valora: si no tenemos un claro sentido de a dónde vamos, nuestras elecciones vitales nos llevarán por el mal camino o, aún peor, hacia callejones sin salida. Para realmente VIVIR, hemos saber *para qué* deseamos VIVIR. Hemos de estar seguros de lo que en realidad nos importa, de nuestros valores, y después debemos tomar decisiones sabias que apoyen el tipo de persona que deseamos ser y el tipo de vida que realmente queremos VIVIR.

Entrégate. *Comprométete y actúa*: lo mires como lo mires, tu vida está creada por aquello a lo que le dedicas tu tiempo. Para hacer más de todo aquello que verdaderamente deseas en tu vida, debes fijarte metas que vayan en línea con lo que te importa y, después, has de *actuar*. Es decir, deberás *hacer* algo con tu boca, con tus manos y con tus pies (ya sabes, hablar, crear, avanzar en la dirección correcta). Así y solo así será como vivas y demuestres tus auténticos valores. A medida que te comprometas con tus valores y con tu vida, te irás armando de un nuevo conjunto de destrezas procedente de este libro que te ayudará a avanzar siempre, aun cuando se te presenten obstáculos por el camino. Y vivirás una vida plena.

El breve ejercicio que sigue te dará unas cuantas pinceladas del enfoque VIVE.

QUÉ SIGNIFICA VIVIR

- Recuerda un momento reciente en el que llegaras tarde a una cita, estuvieras en un atasco o pasaras un buen rato esperando en la caja de una gran superficie para pagar. Rememora la escena y vuelve a darle vida mientras te vamos llevando por cada uno de los elementos del enfoque VIVE.
- Vacíate: libérate de tu antigua lucha con la ansiedad y de los nada fructíferos intentos de controlar lo que estás experimentando tanto en la mente como en el cuerpo.
- Invita: ábrete y sé consciente de los pensamientos y los sentimientos que estás teniendo mientras estás allí, sentada, de pie, o atascada entre infinidad de coches. Percibe tus críticas, tus quejas, los resoplidos de tu respiración, tus palabrotas y tu echar humo. ¿Sientes tensión, enfado, ansiedad, estrés, frustración o incluso miedo? Mira a ver si simplemente puedes observar toda esta actividad: si eres capaz de dar un paso atrás y darte cuenta de lo que en realidad sucede con dulzura y simpatía. No puedes hacer nada más que *estar* allí donde estás.

- **V**alora: aléjate un poco más, como si te estuvieras observando a ti mismo, y pregúntate qué quieres ser en ese preciso momento, como persona, en esa misma situación. Fíjate en si puedes conectarte con lo que te importa de verdad, lo cual podría incluir, en primer lugar, la razón por la que has ido allí. Tienes un sitio al que quieres ir, hay algo que quieres hacer.
- **E**ntrégate: imagínate haciendo cualquier otra cosa que no sea exaltarte ni ponerte histérico por llegar tarde, estar preso en un atasco y tener que esperar. ¿Qué harías? ¿Cómo te gustaría ser entonces como persona? ¿Y cómo se expresaría eso en este preciso momento? Sea lo que sea, imagínate a ti mismo usando la boca, las manos y los pies para hacer algo que refleje lo que quieres ser en esta situación, aquello que valoras y por lo que te esfuerzas.

Si este ejercicio no te ha resultado sencillo, no te preocupes. Se trata solamente de ver cómo la lucha y el sufrimiento pueden aparecer de repente en situaciones comunes de todos los días, y cómo podemos aprender a dejar ir, abrirnos, conectar con lo que nos importa y VIVIR. Según vayas avanzando con la lectura, aprenderás a dominar las destrezas que residen en el enfoque VIVE y serás capaz de usarlas tanto con la ansiedad como en otras áreas de la vida que representan un desafío para ti.

2

Encuentra la conexión

Mucha gente que sufre ansiedad se siente sola. Puede que tú también te sientas así. Podrías pensar que nadie entiende qué es sentirse tan mal como tú te sientes. Sin embargo, hay infinidad de gente en todos los rincones del mundo que comparte tus miedos y tus luchas. Plantéate la cantidad de gente que podría haber.

En todas las ciudades de todos los países hay personas con problemas de ansiedad. Da igual ser joven o mayor, rico o pobre. La ansiedad no tiene en cuenta que hayas ido a la universidad o que tengas una cierta posición social. De hecho, la ansiedad es una de las formas más comunes de sufrimiento humano que conocemos, y afecta a alrededor de un tercio de la población en algún momento de su vida. Hablamos, solo en los Estados Unidos, de cien millones de personas.

Para hacernos una mejor idea de las cifras, imaginemos que un buen día todo el mundo que lucha contra la ansiedad decidiera llevar algo rojo. Si así fuera, nos costaría muchísimo salir a la calle y no encontrarnos con alguien vestido de rojo. Si le preguntáramos a una de esas personas qué tal le va todo, muy posiblemente nos respondería con un «Bien», pero nosotros podríamos ver lo que en realidad esconde. Sabríamos que esa persona sufre tanto como nosotros. Y en ese momento nos daríamos cuenta de que no volveremos a estar solos.

Sin embargo, este libro no versa ni sobre gente anónima ni sobre estadísticas. Trata de *ti* y de tu libertad, y de ayudarte a manifestarte en tu vida completamente y sin corazas. Comenzaremos con un ejercicio para aprender a observar nuestras experiencias tal y como son. Nos centraremos en la respiración, pues es algo que siempre nos acompaña, y que puede ser nuestro refugio, lo que nos conduce de nuevo al momento presente, que es el lugar en el que necesitamos habitar realmente si queremos marcar la diferencia en nuestra vida. Tan solo empieza leyendo las instrucciones unas cuantas veces y, a continuación, realiza los ejercicios tú mismo lo mejor que puedas. Date entre cinco y diez minutos, puedes utilizar un temporizador si te resulta más cómodo.

RESPIRACIÓN CENTRADA

- Ponte una mano en el pecho y la otra en la barriga. Cierra los ojos suavemente y concéntrate tal y como estás.
- Fija tu atención en los movimientos ascendentes y descendentes de tu pecho y tu barriga. Observa los movimientos de tus manos mientras inspiras y espiras. Céntrate en cómo coges aire y lo vas soltando suavemente.

- Siente curiosidad por lo que estás experimentando. Podrías pasar de tomar conciencia del movimiento de las manos en el pecho y en la barriga al inspirar y espirar, a sentir una sensación de calor y frío al coger el aire y expulsarlo por la nariz. Simplemente respira con naturalidad y sé consciente de ello. Solo déjate estar ahí, ahora, con tu respiración.
- Si tus pensamientos o alguna otra cosa te distraen, date cuenta y vuelve a centrarte en la respiración. Hazlo suavemente y tantas veces como sea necesario.
- Termina este ejercicio poniéndote como objetivo el volver a esta respiración centrada tantas veces como necesites a lo largo del día. Ponte una alarma en el teléfono o en cualquier otro dispositivo para recordarte siempre que has de volver a tu respiración y al momento presente.

Practica este ejercicio de *respiración centrada* tan a menudo como puedas. Es una destreza poderosa y un antídoto para el sufrimiento que la mente y el cuerpo pueden crear en torno a la ansiedad y el miedo. Cada vez que lo practiques, estarás desarrollando tu capacidad de observar tus experiencias y de estar presente a ellas. Esto te ayudará a crearte el espacio necesario para plantearte qué es lo que realmente te importa en la vida.

3

Construye tu espacio

La ansiedad y el miedo te harán encogerte y te empujarán a oscuros lugares que están muy lejos de la vida que deseas llevar. Cuanto más te empequeñeces, más se reducirá también tu vida. Eso ha de cambiar, porque precisamente lo que la vida te está pidiendo es que extiendas las alas, que las abras y que te conviertas en la persona que sueñas ser. Por ello, para contrarrestar la tendencia natural a cerrarte y apartarte cuando la ansiedad te golpea, deberás aprender cómo abrir y expandir tu conciencia justo ahí donde estás en ese momento.

El ejercicio que sigue te enseñará a hacerlo. El objetivo no es ser abierto y comunicativo todo el tiempo, eso sería irreal, sino proporcionarte las destrezas para crear un espacio interior con el fin de reconocer y dar cabida a las experiencias que, quieras o no, estás teniendo siempre que lo necesites. Esto es algo importante para que consigas estar presente en tu vida y vivirla. Y también es importante para cuando la ansiedad y otros pensamientos o emociones desagradables tratan de empujarte a lugares oscuros, incluido ese pasado que una vez viviste o ese futuro que aún está por llegar.

No hay una forma correcta o incorrecta de hacer ni este ejercicio ni cualquier otro del libro, tan solo hay una pauta que respetar: nunca los uses para luchar contra tu propia experiencia. La lucha no te llevará a ninguna parte. En vez de ello, márcate el objetivo de estar aquí y ahora con lo que quiera que esté aconteciendo a tu alrededor. Ábrete a tu experiencia. Siente curiosidad por ti y por lo que está sucediendo justamente ahora.

LA CREACIÓN DE UN ESPACIO INTERIOR

Siéntate cómodamente en un lugar en el que nadie te moleste durante unos cinco o diez minutos. Lee un par de veces las instrucciones que siguen, y después cierra los ojos y comienza a hacer el ejercicio. No pasa nada si prefieres tener los ojos un poco abiertos, pero lo mejor es que centres la mirada en un punto fijo, ya sea en el suelo o en algún sitio enfrente de ti, para que no puedas distraerte con facilidad.

- Cierra suavemente los ojos. Respira un par de veces, coge aire y suéltalo, y siente el sonido y nota tu respiración.
- Ahora céntrate en estar donde estás. Deja que tu conciencia haga un recorrido por el mundo que te rodea. ¿Qué percibes?
- Ahora tu atención se centrará en ti, en tu mundo interior. Reconoce cualquier sensación física

que tenga tu cuerpo. Haz lo mismo con tus pensamientos, date cuenta de cómo cambian de un momento a otro.

- Cada vez que cojas aire, imagina que estás creando más y más espacio para cualquier pensamiento o sensación que pudiera estar presente en tu cuerpo. Más espacio dentro de ti para que tú seas tú, justo aquí donde tú estás.
- Continúa respirando. Sigue expandiéndote hasta que experimentes una sensación de amplitud dentro de ti.
- Después, una vez que estés preparado, vete poco a poco incrementando tu atención para captar los sonidos que te rodean, y abre lentamente los ojos con la intención de dirigir esta conciencia centrada hacia los muchos momentos que vives en tu día a día.

Te animamos a practicar diariamente este ejercicio *crear tu espacio interior*. Búscate una hora y un lugar adecuados para ti. Te ayudará a hallar un espacio en el que hacerte presente y hacer aquello que te importa, aun cuando tu mente y tu cuerpo te ofrezcan cosas desagradables de vez en cuando.

4

Vive con intención

La mayoría de nosotros somos criaturas rutinarias. Pasamos por cada uno de nuestros días con el piloto automático puesto, sin tener una conciencia consciente de lo que realmente estamos haciendo. Si lo pasamos por alto y seguimos adelante sin más, pronto acabaremos aislados y desconectados de nuestras vidas y nuestros corazones. La ansiedad y el miedo son dos emociones poderosísimas que desencadenan esta forma de ser automática y reactiva. Como si de matones se tratara, empujan a muchas personas a lugares a los que preferirían no ir. Y, sin embargo, esto no es inevitable.

Existe un espacio entre ti y la ansiedad y el miedo en el puedes elegir algo nuevo. Es justo en ese espacio donde puedes aprender a hacerte más *intencionado* y menos automático. Puedes aprovechar al máximo todas tus capacidades para seguir tu corazón. Para lograrlo, deberás aclararte respecto a lo que quieres ser. Has de conocer tus intenciones respecto al tipo de vida que deseas llevar. Solo así podrás comprometerte a actuar conscientemente de maneras que honren tus intenciones. En resumidas cuentas, allí hacia donde vayan tus intenciones, irán también tu atención y tu energía.

Detengámonos por un momento y profundicemos en esto, veamos qué podría significar. Cuando te comprometes a hacer algo nuevo, ¿qué posibilidades se te abren? ¿Lo sabes siquiera? ¿Te has parado a pensar en qué podría convertirse tu vida? El breve ejercicio que sigue te ayudará a ponerte en contacto con ello.

TUS INTENCIONES MÁS AUTÉNTICAS

- Siéntate cómodamente en un lugar en el que nadie te interrumpa durante cinco o diez minutos. Podría resultarte útil tener a mano un trozo de papel y un boli o un lápiz.
- Cierra los ojos y tómate un momento para centrarte. Con cada respiración centrada, deja que tu atención se asiente cada vez más y más profundamente en el espacio que rodea a tu corazón. Se trata de un lugar repleto de una enorme sabiduría, sabe exactamente lo que te conviene.
- A medida que te asientas en ese espacio de tu corazón, pregúntate a ti mismo: ¿Por qué estás aquí, leyendo este libro? ¿De qué quieres que vaya tu vida? ¿Cuáles son tus intenciones de aquí en adelante? Conéctate con el tipo de vida que deseas llevar.
- Después siéntate en silencio y escucha a tu corazón para obtener respuestas. Una a una, irán

viniendo. Puede que sea solo un susurro o incluso únicamente una o dos palabras. Sea lo que sea, conecta con tu sabiduría interior para conocerte mejor y para conocer también mejor lo que quieres hacer en esta vida.

- Cuando estés listo, abre lentamente los ojos. Estas son tus intenciones. Si quieres, puedes anotar tus respuestas.
- Antes de terminar este ejercicio, repasa tus intenciones profundas. Tráetelas a la cabeza con la mayor claridad posible y, en caso de que las apuntaras, léelas con detenimiento. Según vas repasando, siéntete con la libertad de añadir cualquier nueva intención que se te ocurra. Y después, comprométete a honrar tus intenciones haciendo los ejercicios propuestos en este libro, aun cuando en ocasiones puedan resultarte difíciles.
- Si anotaste las intenciones, puedes terminar el ejercicio firmando con tu nombre al final de la lista. Tu firma representará tu compromiso de hacer todo lo que esté a tu alcance para hacer realidad tus intenciones. Mantén la lista siempre a mano durante todo el tiempo que vayas trabajando con el material de este libro.

Todos los cambios pueden, al mismo tiempo, ser sinónimos de miedo o de liberación. El cambio implica riesgo. Sin embargo, el riesgo de seguir haciendo lo mismo debería darte más miedo todavía, puesto que precisamente eso es lo que te ha llevado al lugar en que te encuentras ahora. Para conseguir algo nuevo, necesitarás hacer algo nuevo. Así de simple. Y para ello hay que empezar adquiriendo el compromiso, guiado por tus intenciones, de cambiar tu manera de hacer las cosas. En el momento en que empiezas a mirar tu vida y tu ansiedad con otros ojos, tienes mucho que ganar y nada que perder.

5

Deja salir el miedo

El miedo y la ansiedad son dos emociones desagradables que pueden ser sanas y adaptativas. Nos empujan a la acción. Su finalidad es la de mantenernos vivos y librarnos de problemas. ¡Eso es!

La ansiedad y el miedo también se presentan de muchas formas y adoptan aspectos muy diferentes. Puede ser que experimentes la enorme y repentina oleada del pánico, acompañada de intensos cambios corporales (por ejemplo, un pulso acelerado), sentimientos de terror o pensamientos relacionados con un final inminente. Estos ataques de pánico pueden surgir de la nada, o pueden ser desencadenados por determinadas situaciones (como en determinados entornos sociales, en una gran superficie llena de gente, en un avión o estando a determinadas alturas).

En algún momento puede que te veas atormentado por recuerdos de experiencias traumáticas a las que una vez tuviste que hacer frente. O puede también que te sientas preso en un círculo no deseado de pensamientos obsesivos, o de rituales como comprobar todo, contar y recontar o lavarte las manos. Y que hagas lo que hagas, lo único que consigues es evadirte solo momentáneamente del malestar y del miedo. Puede que también pase un día y otro y otro, y que estés siempre preocupado por todo tipo de cosas (dificultades pasadas, futuras, del día a día) sin solución alguna.

Quizás algo de esto que estoy describiendo te suena conocido. Posiblemente sientas que es exactamente a lo que te estás enfrentando. Podrías incluso dar un paso más y pensar que tienes algún tipo de *trastorno de ansiedad*. Y aquí es justo donde quisiéramos detenernos para advertir al lector.

La ansiedad y el miedo son emociones, no trastornos. Todos, absolutamente todos los seres humanos de este planeta experimentan ambas emociones en algún momento de su vida. Hay quienes podrían experimentar incluso un cierto «*mal-estar*» en lo que concierne a la ansiedad y el miedo. Sin embargo, esto, por sí mismo, no constituye un trastorno. Los médicos y los psiquiatras recurren a diversas etiquetas para describir distintas formas de sufrimiento y enfermedad (malestar) humano. Pero esas etiquetas no son tú, no te definen. El sufrimiento humano no es en sí mismo un trastorno.

Las etiquetas diagnósticas son solo palabras. Por ello, ni te aferres a ellas ni te identifiques con ellas. Déjalas ir, porque son limitantes. Céntrate más bien en expandir tu vida de formas que sean saludables.

Tu experiencia no tiene que coincidir con todas las características de uno o más de los trastornos de ansiedad para que sientas la necesidad de reconducir tu vida. Esto es así aun cuando tengas tendencia a experimentar otros sentimientos desagradables, como la depresión o la ira, cuando estás ansioso.

Lo que realmente importa es tu respuesta a esta pregunta básica: ¿constituyen la ansiedad y el miedo un problema importante en mi vida? Si la respuesta es afirmativa, te pasa lo mismo que a muchas otras personas. Ahora el siguiente gran paso que tienes por delante es identificar cómo la ansiedad ha llegado a tener tal magnitud en tu vida.

La mayoría de la gente responde señalando únicamente a la misma ansiedad. Algunos apuntan al hecho de que la están sintiendo. Otros aluden a que tienen demasiada. Para algunos lo relevante es lo intensa y desagradable que es. Sabemos bien que la ansiedad, cuando es intensa, es muy desagradable y en ocasiones abruma a la persona. Pero tómate un momento para dar un paso atrás y plantéate esto que sigue: ¿Es realmente el hecho de tener demasiada ansiedad el núcleo del problema? Echemos un vistazo a aquello que hace que la ansiedad sea un problema para ti.

¿CUÁL ES TU PROBLEMA?

Encuentra un lugar en el que meditar y donde nadie te moleste. Una vez allí, dedica unos momentos a reflexionar sobre las siguientes preguntas. Trata de clarificar tus pensamientos y responde a cada interrogante con la mayor franqueza y honestidad que puedas. Si lo prefieres, puedes anotar las respuestas en un trozo de papel.

Con tus ansiedades y miedos en mente, pregúntate a ti mismo:

- ¿Contra qué he estado luchando? O, dicho de otro modo, ¿cuáles son los aspectos de mis problemas de ansiedad que más interfieren en mi vida y la constriñen?

Una vez que tengas la respuesta, plantéate lo siguiente:

- ¿De qué manera exactamente la ansiedad acaba siendo un problema en mi vida?

El enfrentarte a estas preguntas directamente es clave para adoptar los cambios que te permitirán avanzar hacia lo que de verdad es importante para ti. El siguiente capítulo te llevará más directamente al corazón de la lucha contra la ansiedad y al precio que estás teniendo que pagar por ella. Se trata de un paso necesario para forjarte un nuevo camino y avanzar hacia nuevos rumbos.

6

Explora los costes

En lo más profundo de ti sabes que tus mayores esfuerzos por controlar o gestionar las ansiedades y los miedos no han funcionado como esperabas que lo harían. Y lo que es aún peor, por tu lucha contra la ansiedad has pagado un alto precio. Puede que hayas tenido relaciones que se han roto o que han pasado por momentos de tensión. Puede que hayas sufrido enfermedades o que tu salud siempre haya sido débil. Puede que hayas atravesado épocas de enorme estrés, de dificultades en los estudios o en el trabajo, rachas en las que no lograbas concentrarte. Quizás incluso has experimentado problemas con el alcohol u otras sustancias. Puede que, hablando más en general, haya habido veces en las que has sentido que has perdido tu libertad. ¿Te sientes atrapado porque la ansiedad no deja de interponerse siempre en tu camino?

Ahora, en este instante, ha llegado el momento de hacer balance y fijarte exactamente en dónde has estado, en qué te has convertido y hacia dónde quieres ir. Es hora de que te enfrentes a los costes que te han supuesto la espera y la lucha debidas a los obstáculos que te ha ido poniendo la ansiedad. Aquí y ahora tu vida tiene que empezar, por fin.

El ejercicio que sigue te ayudará a ser entender mejor el alto precio que tienes que pagar cada vez que te ves envuelto en la lucha contra la ansiedad. Para cada una de las áreas enumeradas, reflexiona sobre el impacto que tus luchas contra la ansiedad han tenido en tu vida. Sé honesto contigo mismo y sé también específico. ¿Qué cosas te has perdido o has sido incapaz de hacer debido a esa lucha? Anota unos cuantos pensamientos para cada apartado si quieres. Fíjate bien en los costes que más corresponden con tu propia experiencia.

HAZ BALANCE

- Costes *interpersonales*. ¿Cómo las luchas contra tu ansiedad y tus miedos han afectado a tus relaciones y tus lazos sociales? ¿Has perdido amistades o han cambiado los vínculos? ¿Eres incapaz de desempeñar tu papel como cónyuge, amigo o padre debido a la ansiedad? ¿Te sientes más solo y aislado?
- Costes *profesionales*. ¿Ha afectado tu lucha contra la ansiedad a tu vida profesional (por ejemplo, has dejado un empleo o te han despedido como consecuencia de tus intentos por controlar la ansiedad)? ¿Te han comentado algo tus jefes o tus compañeros respecto a tu rendimiento a causa de tus esfuerzos por gestionar esa ansiedad que se apodera de ti? ¿Te han llevado tus problemas de ansiedad a estar en el

paro, de baja o incluso a necesitar acudir a los servicios sociales?

- Costes *de salud*. ¿Cómo ha afectado a tu salud la gestión que has hecho de tus preocupaciones, tu ansiedad y tus miedos? ¿Sueles ponerte enfermo a menudo? ¿Tienes dificultades para conciliar el sueño o para mantenerte despierto? ¿Te has obsesionado y envenenado tanto con tus preocupaciones y la ansiedad que has llegado a ponerte hasta físicamente enfermo? ¿Evitas hacer ejercicio por si ello despierta en ti ansiedad? ¿Pasas mucho tiempo en tu médico o en urgencias como consecuencia de tu ansiedad?
- Costes de *energía*. ¿Cómo han afectado a tus niveles de energía tus esfuerzos por controlar la ansiedad? ¿Empleas mucha energía mental en las preocupaciones, el estrés, cuestiones sin importancia, comparaciones y pensamientos negativos? ¿La batalla que libras te deja exhausto, abatido, desmoralizado, frustrado o completamente acabado?
- Costes *emocionales*. ¿Has pagado también un alto precio emocional por tus intentos de controlar la ansiedad? ¿Te pesan la pena o el arrepentimiento por cosas que has hecho o dejado de hacer como resultado de tus luchas contra la ansiedad? ¿Y qué hay de la vergüenza, del sentirte como si estuvieras roto? ¿Te encuentras triste, deprimido, tiendes al enfado o te muestras irritable?

- Costes *económicos*. ¿Cuánto dinero has gastado por intentar controlar tus ansiedades y tus miedos? Piensa en el dinero que has invertido en psicólogos, medicamentos, visitas al médico, libros de autoayuda, grabaciones o vídeos, seminarios. ¿Cuáles han sido los costes en términos de los sueldos que has dejado de ganar y los acontecimientos de ocio a los que no has ido (por ejemplo, entradas que adquiriste para algo y que al final no pudiste disfrutar)?
- Costes de *libertad*. ¿Cómo tus esfuerzos por controlar las preocupaciones, la ansiedad y los miedos han limitado tu capacidad para hacer todo aquello que disfrutas haciendo y quieres hacer? ¿Te atreves a salir de compras, a coger el coche para ir a sitios lejanos o cercanos, a montar en tren o en avión, a ir de paseo por tu barrio, el parque, un centro comercial o un bosque? ¿Te pasas el día intentando no sentirte ansioso, aterrado o asustado?

Para avanzar en una nueva dirección, el primer paso que hemos de dar es responder con honestidad a las preguntas anteriores. Es importante que conozcas y que te permitas a ti mismo sentir el verdadero impacto que tienen estas luchas a pesar de tus esfuerzos por cambiar. Hace falta valor para enfrentarse a estos costes con decisión.

Cuando las personas realizan este ejercicio, suelen terminar adquiriendo una conciencia más profunda. Ven, quizás por primera vez, cómo todos sus esfuerzos por gestionar y controlar la ansiedad en realidad no han funcionado. Y más en su interior se hacen plenamente conscientes de cómo la misma lucha ha dañado sus vidas y continúa haciéndolo.

Si actualmente te encuentras en un punto similar, no desesperes. No decaigas. Estás justo donde debes estar. No se trata de que te sientas mal ni de que te flageles, sino de que adquieras el poder que necesitas para avanzar en una nueva dirección. No puedes cambiar el pasado. Pero tienes el futuro en tus manos y puedes crearlo.

7

La trampa de la lucha

Es muy probable que abrieras este libro con la esperanza de encontrar una mejor manera de gestionar y controlar tu ansiedad, para así lograr vivir tu vida como realmente deseas. Esto tiene sentido siempre que tú, al igual que otra mucha gente, sigas viendo tu ansiedad en sí misma como el problema. Pero ¿qué sucede si el hecho de ver la ansiedad como el problema *es* precisamente el problema? Nuestro objetivo con este libro no es más que ayudarte a conectar con esta posibilidad, por rara que suene.

Tampoco tienes que fiarte de nosotros respecto a esto. Vuelve a repasar todos los costes que te ha supuesto la gestión y el control de la ansiedad, que exploramos en el capítulo anterior. Detente para preguntarte a ti mismo qué te ha costado más, si la presencia de la ansiedad y el miedo, o tus desesperados esfuerzos por detenerlos y evitarlos completamente.

La investigación y los años de sabiduría ya acumulados nos han enseñado que la lucha misma es una trampa, que te atrapa y te hace caer cuando tú estás intentando activamente resistir y evitar tu propia experiencia. No obstante, este no es el momento de culparte por luchar.

Se trata de una respuesta totalmente natural al dolor y a las dificultades. Sin embargo, la pregunta clave que sí debes hacerte es: «¿Ha funcionado?». O incluso una más audaz: «¿Te ha creado la lucha más problemas que los que te ha resuelto?».

El próximo ejercicio te ayudará a descubrir si esto ha sido así.

¿ESTÁ FUNCIONANDO LA LUCHA?

Piensa en cómo has intentado gestionar y controlar la ansiedad. Ten bien presente cada estrategia de afrontamiento seguida, cada método utilizado para evitar o reducir la ansiedad o el miedo. Si quieres, puedes anotarlos en un papel o en tu diario. Después reflexiona sobre las siguientes tres preguntas y responde a cada una de ellas con un sí o un no. Hazlo con toda la franqueza y honestidad que puedas. Déjate guiar por tu intuición, solo ella conoce la verdad de tu experiencia.

- ¿Están funcionando mis estrategias para gestionar la ansiedad, es decir, me siento menos ansioso y más feliz con mi vida? Piensa en el largo plazo.
- El ser un gestor de la ansiedad ¿me ha llevado hacia donde yo quiero que vaya mi vida?
- ¿Mi gestión de la ansiedad y las estrategias de afrontamiento que he adoptado me han

supuesto costes en cuanto a tiempo, oportunidades perdidas, arrepentimiento? En otras palabras, ¿se han interpuesto entre mí y las cosas que quiero hacer, lo que me preocupa? Si te resulta difícil hallar una respuesta, vuelve a leer los costes que ya identificaste en el capítulo 6.

Muchas personas responden a las dos primeras preguntas con un NO y reservan para la tercera un SÍ gigante. Y eso es exactamente lo que nosotros esperaríamos. No conocemos ninguna forma sana de eliminar la ansiedad y el miedo que no conlleve unos costes significativos. Y tu instinto muy probablemente te dirá lo mismo. ¡No olvides que siempre tiene la razón!

El secreto para que alcances la libertad está en que *dejes ir* tus intentos por gestionar la ansiedad, porque están consumiendo tu tiempo, tu energía y tus recursos. Ya has empezado a hacerlo, pero solo tú tienes la potestad de decidir dejar de luchar contra la ansiedad y el miedo. Por nuestra parte, solo esperamos que tomes ya mismo esta decisión, si es que aún no lo has hecho.

8

Déjala ir

Si miras la ansiedad como un problema, lógicamente necesitará una solución. Pero ¿qué sucede si las soluciones que has probado lo único que hacen es empeorar las cosas? Plantéate por un momento esta posibilidad.

En los capítulos anteriores has aprendido que ninguno de tus intentos por controlar la ansiedad ha funcionado en absoluto. Cada «solución», como hemos llamado a cada uno de los intentos realizados por detener o, al menos, controlar la avalancha de ansiedades, te ha dejado una profunda cicatriz.

La metáfora siguiente te ayudará a conectar con los costes y la tremenda tensión implicados en la batalla que libras contra tu ansiedad. También te enseña una sorprendente manera de abandonar la lucha para que puedas seguir viviendo tu vida.

LLEGÓ EL MOMENTO DE SOLTAR LA CUERDA

Puede parecerte que estás en un juego de «tira y afloja» y que al otro extremo de la cuerda tienes un equipo de «monstruos de la ansiedad» tirando sin compasión. Tus dos manos agarran la cuerda firmemente, tienes los pies clavados en el suelo, te mantienes inmóvil en la misma posición. La cuerda se mueve hacia delante y hacia atrás. Da igual lo fuerte que tires para derrotarlos, ellos siempre parece que responden con más fuerza y tiran todavía más. Y mientras la batalla se prolonga, tú estás cada vez más y más nervioso. Sientes el pecho tenso, empiezas a jadear, aprietas los dientes. Tu rostro adopta un color rojizo y perlas de sudor te resbalan por la frente. Agarras con tantísima fuerza que tus nudillos se vuelven blancos. Te encuentras atrapado en una lucha infinita y agotadora por tu vida, o al menos eso es lo que parece.

Tus opciones se antojan limitadas. Puede que tu mente te diga que tires con más fuerza, que lo intentes con más energía, que claves más los pies en el suelo. Posiblemente tu cabeza te insista en que hay una medicación mejor o una nueva estrategia para afrontarlo que te darán la fuerza que necesitas para ganar. Sin embargo, ¿no estamos siempre ante lo mismo, acaso no es el mismo perro con distinto collar?

He aquí otra posibilidad: no tienes que ganar esta lucha. Imagina que has decidido rendirte, abandonar la contienda y soltar la cuerda. Piensa sobre ello.

Fíjate en lo que le pasa a tus manos y a tus pies. Están libres, ¿no? Y tú has recuperado también un cierto espacio mental y algunas opciones que te resultaba imposible incluso plantearte cuando te encontrabas en plena la batalla. Ahora eres capaz de usar tu mente, tus manos y tus pies para algo que no sea solo enfrentarte a la ansiedad.

Para ayudarte a ver cómo esto podría funcionar en tu vida, imagínate que algo o alguien que te importa mucho está a un lado del lugar en que se está produciendo el forcejeo, observando el tira y afloja, y esperando a que acabes y la lucha se dé por zanjada. Piensa que quien está ahí es tu hijo aguardando un abrazo o un amigo que quiere pasar algo de tiempo contigo. O podría ser también un proyecto, unas vacaciones o algo espiritualmente reconfortante. Intenta visualizar eso que es tan importante en tu vida ahí, a un lado, simplemente esperando y esperando a que acabes la batalla. ¿Seguirías con la pelea? ¿O, por el contrario, soltarías la cuerda y dedicarías todo tu tiempo y tu energía a esa cosa o esa persona que estaba esperando por ti?

Pues bien, plantéate ahora lo que sucede cuando sueltas la cuerda. Los monstruos de la ansiedad no se han ido simplemente porque tú hayas dejado de pelear. Siguen allí, aún se están burlando de ti con la cuerda, esperando a que piques el anzuelo y te lances a agarrar la cuerda para otra ronda. Y claro que podrías hacerlo. Y algunas veces lo harás, la mayoría de ellas de manera automática.

Pero lo importante aquí es que te des cuenta de cuándo has agarrado la cuerda, para que en ese momento decidas soltarla. El decidirte a hacerlo te dará el espacio y la energía que necesitas para darte a aquello que te importa, a esas cosas que son importantes en tu vida y que están esperándote a un lado.

El soltar la cuerda y terminar la batalla te abre a algo más en tu vida y crea en ti espacio para ello. Si no te dejas llevar por tus ganas de reducir y controlar la ansiedad, de evitar el siguiente ataque de pánico, de detener la oleada de recuerdos dolorosos o de apartar de ti pensamientos negativos y preocupaciones absolutamente por todo, lograrás crear una ventana abierta a las oportunidades. Crearás un espacio para avanzar hacia la vida a la que te has aferrado. Uno de nuestros pacientes captó a la perfección este momento al decirnos: «Cuando suelto la cuerda, me siento libre».

9

Aprieta el interruptor

¿Por qué tantísima gente es reacia a soltar la cuerda? ¿Por qué seguimos luchando contra la ansiedad y el miedo cuando semejante batalla no nos ha funcionado bien, pero sí nos ha costado mucho? La respuesta a esta pregunta tiene mucho que ver con lo que hemos aprendido sobre el control.

Desde muy pequeños, aprendemos que el controlar (hacer algo) es lo que funciona en el mundo que nos rodea. Es lo que te ayuda a hacer la colada. Es lo que haces cuando sacas la basura, conduces o escribes un mensaje a un amigo. Es también lo que te ayudó a mantenerte sano y salvo, y lo que con toda seguridad ayudó a nuestros antepasados a evitar que los comieran los leones, tigres y osos. Si algo fuera de ti amenaza tu salud y tu bienestar, tiene todo el sentido que hagas algo.

Y puesto que el control funciona tan bien en el mundo que nos rodea, nosotros intentamos de forma natural controlar (hacer algo) para cambiar también lo que nos pasa por dentro. Sin embargo, la trampa está en que el control no da tan buenos resultados cuando lo aplicamos a los productos de nuestra mente y de nuestra vida emocional.

¿Y por qué es así? El ejercicio que explicamos ahora te ayudará a experimentar buena parte de la respuesta.

EL PROBLEMA CON EL CONTROL

Empieza adoptando una posición cómoda. Cuando estés listo, haz lo siguiente: hazte lo más feliz que te puedas imaginar. Adelante, inténtalo ahora. Esfuérzate en ello. Pero no vale engañarse y pensar en algo que te haga feliz. Eso no es lo que te pedimos aquí. Lo que queremos que hagas es que nada más aprietes el interruptor de la felicidad y que seas superfeliz porque sí, sin más. ¿Puedes hacerlo?

Ahora prueba a sentirte realmente ansioso o asustado. Hazlo sin pensar en algo que te asuste mucho o te resulte doloroso. Inténtalo con todas tus fuerzas. Aprieta el interruptor de la ansiedad. ¿Lo consigues?

Si todavía no estás realmente convencido de lo imposible que es esto, puedes probar con alguna de las siguientes propuestas:

- Enamórate locamente (es decir, de manera genuina, siente un amor desmesurado) de la primera persona que se te ponga delante.
- Valiéndote de tu fuerza de voluntad, haz que se te duerma la pierna, haz que la tengas tan dormida y anestesiada que no sentirías ni aunque

te estuvieran pinchando en ella con una aguja afilada.

- Acuérdate de algo que te haya sucedido la semana pasada. Después bórralo de tu mente, tanto que estés seguro al 100 % de que se ha esfumado para siempre.
- Sin taparte los ojos, las orejas o la nariz, deja de ver, de oír y de oler.

Esperamos que este breve ejercicio te ayude a descubrir que las emociones y muchas de nuestras funciones mentales y corporales no tienen un interruptor de encendido y apagado. Nadie dispone de ese interruptor Es casi imposible que nadie se sienta de una u otra manera simplemente porque quiere.

Las emociones suceden, así, sin más. Son parte de tu historia, que es evocada a la vez que interactúas con el mundo. Cuando intentas dar al interruptor de «no más ansiedad», activas cada aspecto de tu sistema nervioso que te hace sentir ansioso y asustado. Y entonces haces cosas con las que acabas sintiéndote bloqueado y deprimido. Y empieza a haber en ti cada vez más y más de eso mismo que justamente no querías sentir ni pensar.

10

Haz lo contrario

Los pensamientos y los sentimientos de ansiedad y pánico son desagradables, intensos, abrumadores a veces, y hasta terroríficos. Pero no son tu verdadero enemigo. El auténtico enemigo es la evitación rígida. El evitar experimentar miedo y ansiedad no hace sino alimentar el miedo y la ansiedad y achicar nuestras vidas. La evitación es tóxica. Es *el* veneno que convierte la ansiedad y el miedo normales en un problema que arruina la vida. De hecho, las investigaciones que se realizan en este terreno nos enseñan que la evitación del dolor emocional (si bien es algo comprensible) es sencilla y llanamente perjudicial para nosotros y para nuestra vida.

La evitación tóxica puede adoptar muchas formas distintas, como evitar personas, lugares, actividades y situaciones que puedan provocarnos pensamientos y sentimientos de ansiedad y miedo. Algunas personas se valen del uso y el abuso del alcohol y de otras drogas para sobrellevar, olvidar o amortiguar el impacto de los pensamientos y sentimientos desagradables e indeseados y de las situaciones que podrían desencadenarlos. Otros simplemente cortan con todo y huyen cuando se dan cuenta de que están sintiendo ansiedad, miedo u otras formas de dolor emocional.

El dedicarte a no sentir ansiedad ni miedo es algo bastante limitante: podría acabar definiendo cómo vas a vivir toda tu vida. La evitación interfiere con las cosas que quieres hacer y con los caminos que quieres recorrer. Obstaculiza la dirección que quieres tomar. Es imposible vivir la vida evitando el dolor emocional y psicológico. Nadie puede avanzar hacia una vida plena si trata de alejarse de la inevitable posibilidad de experimentar dolor y dificultad a lo largo del camino. ¿Qué puedes hacer entonces?

¡Justo lo contrario! En lugar de huir, luchar y evitar, decide permanecer con lo que esté pasando en tu interior, sea lo que sea. Cuando los viejos hábitos te empujen a alejarte, aprende a acercarte. Cuando algo te lleve a encerrarte y retraerte, ábrete. Considera esta práctica una forma de aprender estar contigo mismo.

La propuesta de hacer lo contrario podría sorprenderte. Por ello es muy importante tener claro por qué estás haciendo eso. No lo haces para revolcarte en el dolor de la ansiedad y conformarte con quedarte ahí inmóvil. Lo haces porque el aguantar contigo mismo y con tu ansiedad es lo que te va a permitir ir avanzando hacia donde tú quieres ir en la vida. Por eso tienes que enfrentarte a la evitación y cambiarla. El siguiente ejercicio te ayudará a ponerte a ello.

TOMAR DECISIONES POSITIVAS

En este ejercicio nos gustaría ayudarte a identificar alternativas más positivas a los actos tóxicos de evitación. Coge un papel y haz dos columnas. En la de la izquierda pon «Evitación tóxica» y en la de la derecha «Haciendo lo contrario».

- En la columna de «Evitación tóxica», anota todo lo que haces para evitar sentirte ansioso o asustado. Apunta toda acción, forma de distracción y estrategia usada para afrontarlo. Sé específico; por ejemplo: «Me quedo en mi cubículo para evitar que mi jefe me vea porque sospecho que criticará mi trabajo».
- Ahora vete a la columna de la derecha y para cada estrategia de evitación escribe lo que sería hacer lo contrario. Por ejemplo: «No intentaré evitar a mi jefe. Si da la casualidad de que nos encontramos en el pasillo, simplemente le saludaré y seguiré andando».

La próxima vez que la voz tóxica de la evitación eleve el tono para decirte algo, insístete a ti mismo: «Haré lo contrario». Cuando la evitación te pida que te hagas cada vez más pequeño, piensa en expandirte y haz algo, aunque sea un pasito como de un bebé, que vaya en la dirección de afirmar la vida. Te darás cuenta de que las alternativas positivas, afirmadoras, a la evitación, a menudo son justo lo contrario a lo que tu mente de entrada te sugiere que hagas.

11

Da el salto

Todas tus elecciones y acciones implican algún riesgo. Y es que no sabes lo que el futuro te tiene preparado y lo que podrías encontrarte en la vida. Mucha gente se queda atascada porque no quiere arriesgarse a dar un paso y prefiere lo de siempre, lo familiar, aun cuando se trate de algo asfixiante y mortecino. Para salir de este atolladero, la vida nos pide a todos y cada uno de nosotros que decidamos estar dispuestos a arriesgarnos y dar un paso hacia lo desconocido, pues solo así es como crecemos.

En este sentido, la disposición a actuar es un acto de fe. Es como saltar desde un trampolín a una piscina sin saber bien cuál será la temperatura del agua y cómo resultará la experiencia. Esto es algo bastante distinto a irse metiendo poco a poco en la piscina, ir probando el agua, ver si está demasiado fría o demasiado caliente, si está muy sucia, y demás. Este irse metiendo con cautela no demuestra buena predisposición ni ganas. Es algo gradual y condicional, y por tanto vas tomando las decisiones en función de cómo te sientes o lo que podrías sentir o pensar.

La predisposición, vista como dar un salto, significa que estás presente y que te muestras abierto a todo lo que tu mente y tu cuerpo pueden ofrecerte, sin saber exactamente con lo que podrías toparte de un momento a otro. Se trata de adoptar una posición en la que estás con los brazos abiertos, justo lo contrario a cuando luchamos contra la ansiedad echando mano de todo lo que tenemos a nuestro alrededor. De hecho, si te muestras dispuesto y quieres, podrías hacerlo ahora mismo.

BRAZOS ABIERTOS

Ponte de pie por un momento (también funciona si estás sentado), abre los brazos todo lo que puedas y estate así durante un rato. Mientras extiendes los brazos de este modo, deja que todas tus experiencias vengan a ti y que permanezcan tal y como son. No intentes de ninguna manera cambiarlas. Ábrete a ellas, siéntelas realmente tal y como son, y déjalas ser.

El acostumbrarte a esta postura es una práctica estupenda y puede ser de hecho algo divertido. Esta postura, que demuestra la buena disposición, captura la esencia del enfoque VIVE que practicamos en este libro. Con los brazos abiertos nos mostramos receptivos. Sin restricciones, permitimos sea lo que tenga que ser. Esta posición es necesaria para vivir más plenamente y sin todas las limitaciones impuestas por la mente y los sentimientos.

Por ello estamos tan convencidos del gran poder de la disposición a actuar. Mucha gente trata la ansiedad como si fuera su peor enemigo. Pero ¿y si la ansiedad no fuera el enemigo? ¿Y si pudiéramos aprender a desarrollar algún tipo de amabilidad y compasión hacia toda nuestra experiencia, incluida la ansiedad, y hacia nosotros mismos? La lucha dejaría de ser necesaria. Dejaríamos de alimentar nuestras ansiedades y se presentarían ante nosotros nuevas opciones.

De forma que, cuando te pidamos que te muestres dispuesto, no te estamos pidiendo que te guste todo lo que la vida te ofrece. A medida que avanzas hacia adelante, la buena disposición te va pidiendo que te abras, por completo y sin defensa, a cada aspecto de tu experiencia, porque solo al abrirte conseguirás la libertad para hacer aquello que para ti es importante. ¡Estás practicando cómo vivir sin miedo!

12

Las voces de la ansiedad

La mente humana es como una máquina de producir pensamientos. Es esa voz que tienes dentro de la cabeza y que no deja de transmitir las veinticuatro horas del día, los siete días de la semana. Eso es lo que hace la mente. Sin embargo, no todo lo que piensas es útil. No es necesario que escuches todos y cada uno de tus pensamientos y las órdenes que te dan.

La voz de la ansiedad te ofrecerá una corriente infinita de pensamientos sobre tus miedos y preocupaciones más arraigadas y sobre todo aquello que está mal en ti. Y encima de todo eso, te dirá que tienes que hacer algo al respecto. Así que te ofrecerá otra corriente enorme de pensamientos en forma de soluciones que parecen sonar muy bien. «Respira despacio. Tómate una pastilla. Ve un rato la televisión. Vete a la cama más temprano. No te preocupes, llama y di que no puedes ir porque estás enfermo». Y un largo etcétera. Esta voz viene de la bien asentada y familiar creencia de que la ansiedad y el miedo son peligrosos, de que es imposible sufrir ansiedad y, aun así, disfrutar la vida. De que solo gestionando y controlando la ansiedad lograremos escapar del sufrimiento y adentrarnos en la felicidad.

Esa voz te está tomando el pelo. Te está diciendo que tienes que controlar la ansiedad para ser feliz. Y, sin embargo, todo ese esfuerzo no hace más que empeorar las cosas. Para escapar de ese círculo vicioso, debes aprender a identificar las voces de la ansiedad y todas las soluciones inútiles que te ofrecen. Lee bien el siguiente ejercicio para aprender cómo hacerlo.

DESCUBRE LOS PENSAMIENTOS INÚTILES

Céntrate y después reflexiona sobre las siguientes preguntas. Escucha la voz de la ansiedad y lo que te ordena que hagas. Sé concreto y enumera cada pensamiento con su aparente solución. Escríbelos si quieres.

- ¿Qué me dice la voz de la ansiedad que tengo que hacer cuando me encuentro preso del miedo y la ansiedad?
- ¿Qué me dice la voz de la ansiedad que no debería hacer para evitar que la ansiedad y el miedo vuelvan a aparecer?

Piensa ahora en cada posible solución y medita en torno a las siguientes preguntas:

- ¿Te ha funcionado alguna de ellas a largo plazo?
- ¿Alguna de esas voces capta la esencia de lo que quieres ser como persona?

- Cuando escuchas las voces y haces lo que te ordenan, ¿terminas haciendo más o menos con tu vida?

Se requiere práctica para aprender a pillar las voces de la ansiedad y distinguir lo que son realmente. Así que, ya sabes, ponte a ello. Practica observando lo que la ansiedad te ordena. Identifica las voces de la ansiedad que te limitan. Cuando aprendas a observar y a etiquetar las voces como un pensamiento más, crearás el espacio necesario para tomar decisiones sabias y positivas, afirmadoras de la vida. No tienes que seguir a ciegas todo lo que tu ansiosa mente te propone.

Esto brinda también la gran oportunidad de volver a practicar lo de hacer lo contrario, habilidad que ya hemos adquirido con el capítulo 10. En lugar de escuchar las voces inútiles que resuenan en tu cabeza, puedes escoger hacer lo contrario de lo que te dicen que hagas. Te darás cuenta de que acabarás haciendo más cosas de las que realmente *tú* quieres hacer, en vez de lo que tu mente ansiosa te ordena que hagas.

13

El piloto automático

«Es una actividad muy mecánica», expresión que está hoy a la orden del día. La utilizamos para describir una experiencia humana común que tanto nosotros como tú conocemos de sobra. Una y otra vez nos sorprendemos encadenando un día con otro, haciendo diversas tareas, y con poca o ninguna consciencia de lo que está aconteciendo a nuestro alrededor.

Si alguna vez te ha pasado que has leído el periódico o un libro y descubres que tienes los ojos al final de la página y que no tienes ni idea de cómo has llegado hasta allí, entonces sabrás bien lo que quiero decir.

La mente es un gran director de orquesta que dirige nuestros cuerpos y nuestra experiencia. Los organiza tantísimo que, de hecho, podemos literalmente perder el contacto con el mundo real que nos rodea. Nos encontramos entonces viviendo en nuestras cabezas, en el mundo de los pensamientos, las ideas y las imágenes. Esto puede hacer que nos sintamos desconectados del mundo. Puede que incluso incorpóreos. Pero no deberías culparte por ello. Para la mente es muy difícil permanecer por completo presente con lo que está pasando.

Para volver a entrar en contacto con tu vida y tu experiencia, necesitarás reprogramar tu mente. Tiene que aprender a regresar al presente y a lo que está sucediendo en ese momento. La mente se puede reentrenar de muchas formas diferentes, pero aquí nos gustaría proponerte una actividad que posiblemente te pases el día haciendo, pero que la mayoría de las veces no eres consciente de que la haces: caminar.

UN CAMINAR CONSCIENTE

Caminar es una manera maravillosa de aprender a ser un buen observador de tus pensamientos y tus sentimientos. La práctica te pide que ejerzas un control consciente sobre tu experiencia. Al dejar de estar a merced de los interminables mandatos y vaivenes de la mente, aprendes que tú –y no tu mente– eres responsable de lo que quieres hacer y de a dónde quieres ir.

Tómate 15 minutos para salir a caminar. Céntrate en tu respiración, coge aire profundamente y expúlsalo, y anda con naturalidad. Sé consciente del ritmo de tus pasos y de cómo se siente tu cuerpo al moverse. Si tu mente vaga hacia otras cosas, simplemente date cuenta. Y a continuación poco a poco vuelve a centrar tu atención en la experiencia de caminar.

Percibe lo que sienten tus pies al rozar el suelo con cada paso. Traslada ahora tu conciencia a las caderas, a la sección media del cuerpo, a los brazos y las piernas. Date cuenta de cómo se mueven con cada zancada. Fíjate en cómo todo tu cuerpo lleva un ritmo perfecto.

Sé consciente de que te estás también moviendo con tus pensamientos y tus sentimientos. Todos y cada uno de ellos van también hacia adelante. Siente la vitalidad que se desprende de este movimiento. Eres tú quien controla los pasos que das y las direcciones que sigues.

Cuando hayas terminado, tómate un tiempo para reflexionar en torno a tu experiencia. ¿Qué se te apareció mientras caminabas? ¿Cómo era eso de andar con tu mente? ¿Cómo era el caminar a medida que ibas siendo cada vez más y más consciente de la experiencia de caminar?

Al igual que sucede con todas las demás destrezas, para aprender a ser un observador plenamente consciente hace falta práctica. La buena noticia es que la vida nos ofrece abundantísimas oportunidades para practicar, y no solo cuando caminamos. Se puede practicar para ser un observador plenamente consciente al cortar el césped, darse una ducha, lavarse los dientes, conducir, lavar los platos o conversar con alguien. Si incorporas a tu vida la atención plena y consciente, aprenderás que tienes el poder de llevarte contigo tu mente y tu estado emocional allá donde vayas.

14

Entero, completo, suficiente

Las personas que luchan contra la ansiedad son algunas de las más fuertes que conozco. Son supervivientes. ¡Y posiblemente tú también lo seas!

Pero, a la vez, muchas son muy duras consigo mismas. Piensan que no son lo suficientemente buenas, se consideran muy débiles, se culpan por no intentarlo lo suficiente. ¿Eres de los que piensan también así? Quizás se te pase por la cabeza algo así como: «Estoy roto». O aún peor: «No valgo lo suficiente». Y es precisamente en este lugar de carencia, de «no ser suficiente», donde la lucha y la vergüenza encuentran el impulso que necesitan para crecer.

Así es como trabaja la mente humana cuando se pone a crear pensamientos. Algunas veces los pensamientos son crueles y excesivamente críticos. De hecho, la mente puede juzgar todo lo que está a nuestro alrededor y en nuestro interior (bonito, maravilloso, agradable, terrible, horrible, etc.). Puede incluso juzgarte a ti, a la más misma esencia de tu ser.

Si permites que esto suceda, el lado más oscuro de la mente puede ir invadiendo cada vez más y más áreas de tu vida, puede atraparte y dejarte preso. Sin embargo, contamos con una vía de escape sana, una forma de huir de las garras de este pensamiento tóxico. Empieza detectando el odio a ti mismo antes de que te consuma.

En verdad, ya tienes todo lo que necesitas. No existe una persona rota. Esto es un juicio –un pensamiento– que la mente crea y que aplica a tu experiencia una y otra vez. Y, por si fuera poco, es un juicio inane.

Tú, y solo tú, tienes el poder de decidir si lo escucharás. No tienes que tragarte todo lo que tu mente te ponga en el plato. Este es un primer paso importante y necesario para aprovechar al máximo tu capacidad para ser amable contigo mismo y para ejercer la compasión, uno de los antídotos más poderosos contra el sufrimiento que surge cuando tu mente se vuelve desagradable.

Al ir aprendiendo a hacerlo, descubrirás que tu vida puede ser diferente. Tu vida no tiene que venir determinada por lo que *piensas*. No tienes que aceptar todos los pensamientos inútiles con los que tu mente te alimenta. Puedes aprender a actuar respecto a tu ansiedad de manera diferente.

OBSERVA LOS JUICIOS

Busca un lugar tranquilo en el que acomodarte y concentrarte. Proponte hacer de este lugar tu rincón amable y gentil. Tómate un momento, o dos, y reflexiona sobre lo que tu mente te dice sobre ti y tu problema de ansiedad. ¿De qué manera tu mente te zarandea y te golpea con fuerza? Párate a pensar en el «Yo no valgo lo suficiente». El mensaje recoge la idea de que no es algo bueno ser tú. Si permites que esto se apodere de tu vida, naturalmente lucharás para cambiar lo que piensas y lo que sientes, porque tu mente no deja de decirte: «No está bien. No vales, así como eres». Y sin que apenas te hayas dado cuenta, tu mente habrá vuelto a llevarte a luchar con la ansiedad.

- Toma conciencia de las etiquetas que tu mente crea sobre ti y tus sentimientos, sobre tu valor como persona y tu vida.
- Escoge un juicio o una etiqueta, e imagínate proyectando esas palabras en una pantalla de cine gigante enfrente de ti.
- Fíjate en las palabras, las letras, el color de la tinta, y en las limitaciones y todo lo inane de esos pensamientos. Date cuenta de que puedes observar el juicio. Sé consciente de que las palabras no son tu persona. Simplemente puedes mirarlas sin creer a ciegas en ellas.
- Mientras lo observas, evita discutir con tu mente sobre la verdad de los pensamientos. La verdad es mucho menos importante en comparación con la utilidad. Lo único que verdaderamente importa ahora es si determinado pensamiento te está ayudando a avanzar o si, por el contrario, te mantiene atascado en donde estás.
- Respira suavemente ante cada proyección, cada juicio, al tiempo que sientes dentro de ti paz y los permites amablemente.

- Deja que dichas proyecciones vengan y se vayan, y húndete en el conocimiento profundo de que eres muchísimo más que las proyecciones que tu mente genera sobre ti.

Mira a ver si puedes llevar esta conciencia observadora a las experiencias de cada día siempre que estos viejos, inanes y limitantes pensamientos irrumpan en tu conciencia y traten de bloquearte. Conecta con tu voz interior, gritándole que estás entero, que no te falta nada y que eres suficiente tal y como eres.

15

La amabilidad y el autocuidado

Mucha gente es muy dura consigo misma. Puede que tú seas también así de duro contigo. Quizás eres de los que se preguntan: «¿Por qué no puedo librarme de esto sin más? Es algo tan estúpido. Sé que todo está en mi cabeza. Estoy enfadado conmigo mismo y con el mundo. Odio mis ataques de pánico, los odio con todas mis fuerzas».

Sin embargo, la culpa y el odio no son la solución. De hecho, suponen el caldo de cultivo ideal para que las cosas vayan a peor. En este punto, no se pueden adornar las cosas. Cuando a la energía emocional negativa le sumas más energía negativa en forma de autocrítica y culpa, lo único que conseguirás será sufrir más.

Lo que hace falta es un cambio de perspectiva. Dicho cambio te pide que decidas, quizás por primera vez, cambiar la relación que tienes con tu mente, con tu cuerpo y con tu experiencia. En vez de culparte y odiarte, has de decidir cuidar de tu propia «casa» (tu mente, tu cuerpo, tu vida emocional) y de todo aquello que tu historia pasada arroja contra ti.

Solo hay dos caminos. Puedes crear un hogar hostil y nada amable, o uno cargado de simpatía y bondad. Ser bondadoso contigo mismo supone cuidarte y quererte. Aquí practicarás el tratarte a ti mismo (a tu mente, tu cuerpo y tu espíritu) como tratarías a alguien a quien amas y valoras. Se trata de una elección que solo tú puedes hacer.

El practicar actos de bondad hacia ti mismo es un remedio potente para la ansiedad, la ira, el arrepentimiento, la vergüenza y la depresión. Este ejercicio hará que te resulte más fácil dejar de luchar contra tu mente y tu cuerpo. Es algo sencillo que puedes hacer para llenar tu vida de paz y felicidad.

APRENDE A SER BUENO CONTIGO MISMO

Empieza cada día proponiéndote, antes de salir de la cama por la mañana, poner en práctica al menos un acto de bondad hacia ti mismo. Adquiere un compromiso firme e inquebrantable, y cúmplelo durante todo el día.

Piensa en algo que puedas hacer para ser amable contigo mismo. Sé concreto y anótalo. Esto podría implicar que te tomes un tiempo para meditar, leyendo un buen libro, que salgas a dar un paseo, escuchar música, hacer jardinería o preparar una buena comida. O puede que este compromiso adquiera la forma de tratarte con amor y empatía cuando la vida se torne desagradable, o cuando tu mente y tu cuerpo te ofrezcan experiencias molestas. Piensa cómo actuarías si alguien que te importa estuviera en tus zapatos y atravesara lo mismo que estás atravesando tú.

¿Cómo tratarías a esta persona? Después, aplica a tu experiencia el mismo tono de voz y la misma dulzura.

Ten muy presente que haces esto no porque hayas llevado a cabo algo especial para merecerlo. Y esto no se va de ser egoísta. Lo haces porque es importante para tu salud y tu bienestar. Llamémoslo un acto de autocuidado, si así te resulta más sencillo. Mereces que te traten con bondad porque tienes corazón y porque estás vivo. Todos merecemos que nos traten bien, y no solo en ocasiones especiales. La amabilidad con uno mismo y el amor están disponibles para nosotros todo el tiempo a la hora que sea.

Así que, siempre que necesites bondad, sea cuando sea, no tienes que esperar hasta que otras personas sean amables contigo. Puedes escoger responder a tus necesidades en cualquier momento prodigándote un cuidado y un trato amoroso a ti mismo. Al hacerlo, estás construyendo la fortaleza interior que necesitas para que tu vida sea la mejor y más plena que puedas tener.

16

Cultiva la aceptación

Todos conocemos a infinidad de personas que han luchado contra la ansiedad. Y, en algún momento, muchos de ellos han dicho: «Lo sé, lo que tengo que hacer es aceptar mi ansiedad». Piensan que aceptar significa rendirse, y dejan de hacer ni el más mínimo esfuerzo por cambiar. Sin embargo, eso no es para nada lo que la aceptación nos pide.

Aceptar es realmente elegir abrirnos y permanecer con lo que sea que la vida nos depare. Pero no puedes aceptar lo que no conoces. Y no puedes aceptar aquello a lo que te resistes y hacia lo que eres hostil.

De manera que aceptar algo significa hacerle espacio y permitir que esté ahí. Tienes también que estar dispuesto a mirar de frente a aquello que te hace sentir incómodo. Aquí es donde el aprender a ser más plenamente conscientes y presentes puede suponer una gran diferencia.

Los ejercicios de atención plena nos enseñan que no podemos elegir lo que nos viene a la mente o lo que sentimos. Solo podemos elegir a qué prestamos atención, cómo se la prestamos y qué hacemos con ello. Esto te ayudará a ver tus experiencias difíciles con mayor claridad y también a estar más presente en los momentos dulces de tu vida.

Pero sin amabilidad y compasión, no hay forma sana alguna de permitir que la ansiedad o cualquier otra experiencia emocional desagradable «estén ahí». En vez de ello, te sentirás como si estuvieras sosteniendo una bomba de relojería, esperando a que explote sin hacer nada. Pero puedes sostener tu dolor si lo haces con cariño y con un poco de curiosidad y compasión. Esto puede transformar y rebajar el dolor hasta convertirlo en algo que puedas llevar, honrar e incluso, quizás, de lo que puedas aprender y que te ayude a crecer. Por eso es por lo que queremos que recuerdes que debes cultivar la aceptación en tu vida.

El siguiente ejercicio te ayudará a hacerlo. Te enseñará cómo permanecer con tus ansiedades con amabilidad y amor hacia ti mismo, aportando a la situación toda la calidez y la compasión que puedas. Se trata de una manera concreta de aprender que la ansiedad no es tu enemiga.

PERMITIR PENSAMIENTOS Y SENTIMIENTOS

- Siéntate cómodamente y cierra los ojos con suavidad.
- Tómate unos momentos para entrar en contacto con el movimiento de tu respiración y las sensaciones de tu cuerpo. Mientras lo haces, dirige

poco a poco tu atención al suave subir y bajar de tu pecho y tu barriga al respirar.

- Respira con naturalidad y, lo mejor que puedas, adopta una actitud de permitir con generosidad y aceptar suavemente tu experiencia tal cual es.

- Antes o después tu mente irá de la respiración a otras preocupaciones, pensamientos, problemas, imágenes, sensaciones corporales, planes, sueños... Vagará por todo lo que se vaya encontrando. Cuando te des cuenta de que la mente divaga, simplemente acéptalo y permítelo, y, amablemente, vuelve a centrarte en la respiración.

- Si eres consciente de sentimientos, tensión u otras sensaciones físicas intensas, tan solo date cuenta, reconoce y acepta su presencia, y mira si puedes hacer un espacio en ti para ellas. Con cada inhalación, imagina que vas creando más y más espacio dentro de ti.

- Podrías percibir sensaciones en tu cuerpo y ver cómo cambian de un momento a otro. Respira tranquilamente, coge aire y suéltalo desde aquellas partes del cuerpo en las que sientes malestar. Imagina tu respiración entrando y saliendo desde aquellos lugares.

- Aparte de las sensaciones físicas que puedas experimentar en el cuerpo, podrías también notar pensamientos respecto de esas sensaciones. Y pensamientos sobre esos pensamientos.

Cuando ello suceda, simplemente date cuenta de lo que estás experimentando, y vuelve a centrar tu atención en la respiración y en el momento presente tal cual es. Los pensamientos son pensamientos, las sensaciones físicas son sensaciones físicas, los sentimientos son sentimientos, nada más ni nada menos.

- Percibe cómo los pensamientos y los sentimientos van y vienen por tu mente y tu cuerpo. Sin embargo, tu respiración sigue contigo en cada momento. Y esa parte de ti que observa con sabiduría, está también siempre contigo. Tu parte observadora puede percibir todas las experiencias que tengas. Tú eres el lugar y el espacio de tus experiencias. No eres lo que tus pensamientos y tus sentimientos dicen, por persistentes o intensos que sean. Haz que ese espacio sea amable, gentil y lleno de amor, un hogar acogedor.
- Después, una vez que estés listo, vete gradualmente expandiendo tu atención para percibir lo sonidos que te rodean, abre poco a poco los ojos con la intención de incorporar la aceptación plenamente consciente en todos los demás momentos de tu día.

Este ejercicio puede que al principio te parezca un reto. Pero no dejes que ese juicio te impida practicarlo una y otra vez durante las siguientes semanas. Recuerda que la aceptación es una destreza que crece con la práctica. El objetivo es desarrollar tanto esa destreza como para que puedas aplicarla en tu vida en cualquier momento y en cualquier lugar.

No hay una manera correcta o incorrecta de practicarla. Por ello, sé amable contigo mismo mientras la pones en práctica. Lo más importante es que te comprometas a hacer este ejercicio a lo largo del camino que has de recorrer para convertirte en un mejor observador y para participar plenamente de tu vida.

17

Pincha la ilusión

Cuando vemos a un niño muy pequeñito jugar, notamos que hay algo mágico. Los niños suelen estar plenamente presentes en el momento, no se ven perseguidos por esa corriente infinita de pensamientos. Sin embargo, a medida que crecen, muy rápidamente, esa sensación de presencia se va reduciendo al tiempo que desarrollan formas de pensar y comunicarse sobre sí mismos y sobre su mundo utilizando el lenguaje y otras formas de comunicación simbólica.

De adultos, a menudo no acabamos de darnos cuenta de que, si bien las palabras son formas poderosas de compartir experiencias, no se identifican con la realidad. El pensar en sentarnos en un sofá cómodo no tiene nada que ver con la experiencia de sentarnos realmente en un sofá cómodo.

Según vamos nadando en el lenguaje y los pensamientos, solemos acabar tomándonos los pensamientos de manera literal y los tratamos como si fueran lo mismo que las experiencias que dibujan. Si no comprobamos nuestros pensamientos, perdemos de vista el hecho de que nuestra mente produce pensamientos en forma de imágenes y palabras. En vez de ello, vemos dichos pensamientos como cosas físicas reales que pueden llegar a amenazar nuestro bienestar.

Si puedes un poco de distancia, empezarás a darte cuenta de que los pensamientos no son más que un puñado de palabras, sin ninguna forma ni sustancia real. Esto te abrirá la mente y te permitirá percibir algo más que las conclusiones y reacciones automáticas que podrías sacar de las palabras. El ejercicio que viene a continuación te ayudará a ver por ti mismo que los pensamientos también son solo palabras.

JUGANDO CON LOS PENSAMIENTOS

Empecemos con la palabra «araña». Cuando piensas en una «araña», ¿qué imagen se representa en tu mente? ¿La puedes ver andando? Si en la vida real las arañas te dan miedo, puede que incluso llegues a sentirte ansioso o incómodo. Ahora siéntate donde puedas ver un reloj. Pronuncia la palabra «araña» en voz alta, repítela una y otra vez y lo más rápido que puedas. «Araña, araña, araña...». Hazlo durante exactamente 40 segundos.

Cuando termines, reflexiona sobre qué ha pasado con el significado de la palabra después de 40 segundos. ¿Sigues sintiendo escalofríos (si es que los sentiste)? ¿Y sigue esa palabra trayéndote a la cabeza la imagen de la araña? ¿O acaso las palabras han empezado a encadenarse de tal manera que solo se escucha un extraño «aña, aña, aña...»?

Date cuenta también de cómo el significado de la palabra se disuelve durante esos 40 segundos.

Ahora mismo, repite el ejercicio. Pero en esta ocasión utiliza un pensamiento que te digas a ti mismo cuando te encuentres ansioso o asustado, algo que te haga sentirte enredado y obligado a pelear. Ponle un nombre que conste de una sola palabra, por ejemplo, «preocupación», «pánico», «ansiedad», «soledad», «tristeza», «muerte», «suciedad», «enfermedad», «alturas» o «multitudes». Podrías también recurrir a una palabra que implique un juicio como «feo», «estúpido», «inútil» o «aburrido». Pensar en semejante palabra podría incluso hacerte daño o enfurecerte.

Ahora repite esa palabra en voz alta lo más rápido que puedas durante 40 segundos. A continuación, detente y reflexiona. ¿Sigue sonando tan creíble como sonaba? ¿Eres capaz de ver que no es más que una palabra, un sonido sin forma ni sustancia?

Este poderoso ejercicio nos enseña que la mente puede crear una ilusión de monstruos de la ansiedad que en realidad no son en absoluto monstruos. Los monstruos son palabras, relacionadas con imágenes y sonidos, que tienen los significados que hemos aprendido a darles. Cuando llegues a comprender esto con relación a la mente, desarrollarás la capacidad de desengancharte de sus trampas. Y asimismo aprenderás a ver que *tú* no eres lo que *piensas*.

18

No lo compres

Como si de un hábil comerciante se tratara, la mente está constantemente ofreciéndonos pensamientos y deseando que compremos todo lo que nos ofrece, sea lo que sea. En ocasiones la mente nos ofrece pensamientos útiles y positivos, los cuales, por supuesto, merecen toda nuestra atención. Sin embargo, muy a menudo los productos de la mente humana carecen de toda utilidad. Sabrás bien cuándo estás aceptando pensamientos inútiles, puesto que te dejan ansioso y te hacen sentir que tu vida se empequeñece a pasos agigantados.

Puedes aprender a romper este círculo. Para hacerlo, necesitarás reconocer tus pensamientos e imágenes por lo que realmente son. ¡Pensamientos! ¡Única y exclusivamente pensamientos! No obstante, y como el siguiente ejercicio nos enseña, hay una enorme diferencia entre tú y los productos de tu mente. Este sencillo y poderoso ejercicio te ayudará cuando tu mente esté usando sus artimañas para que aceptes pensamientos inútiles.

¿TE LO PIENSAS DOS VECES?

El ejercicio es sencillo, pero te llevará algo de tiempo acostumbrarte a él. Siempre que tengas un pensamiento, di como preámbulo: «Estoy teniendo el pensamiento de que...». Por ejemplo, cuando digas o pienses: «Tendré un ataque de pánico si salgo», puedes pensar o expresar en voz alta algo así como: «Tengo el pensamiento de que tendré un ataque de pánico si salgo». O si te descubres a ti mismo pensando: «Tengo que tratar de controlar mi ansiedad o mi vida irá cuesta abajo», puedes decirte en voz alta: «Tengo el pensamiento de que necesito controlar mi ansiedad o mi vida irá cuesta abajo». El ejercicio, por tanto, consiste en darnos cuenta de que estamos teniendo pensamientos.

Podemos aplicar esta misma estrategia a las imágenes o los sentimientos que transmiten terror. Con las imágenes puedes decirte a ti mismo: «Estoy teniendo la imagen de que [insertar una imagen que te resulte molesta]». Con los sentimientos, podrías decirte a ti mismo: «Estoy experimentado el sentimiento de que estoy a punto de morir» o «Estoy experimentando el sentimiento de que [inserta lo que sueles sentir]».

Si te ves demasiado torpe para esto o te resulta muy forzado, existe una forma aún más sencilla de etiquetar. Siempre que surja en ti un pensamiento, etiquétalo pensando: «Hay un pensamiento». Cuando sea una imagen, repítete a ti mismo: «Hay una imagen». Y cuando aparezcan sensaciones físicas, simplemente etiqueta cada una de ellas, por separado, diciendo: «Hay una sensación».

Practica haciendo esto intencionadamente con todo lo que tu mente y tu cuerpo puedan ofrecerte. Esto te concederá espacio para ver tus pensamientos y tus experiencias emocionales por lo que realmente son, productos de tu mente que no siempre necesitan ser escuchados ni en los que obligatoriamente hay que confiar o creer.

Se necesita un tiempo para desarrollar estos nuevos hábitos de etiquetado y lenguaje. Probablemente al principio te resultará muy extraño. No te desvíes del camino y sigue practicando. Estas nuevas destrezas te ayudarán a ver los pensamientos como pensamientos, las imágenes como imágenes, los sentimientos como sentimientos. Incluso cuando los pensamientos, las imágenes y los sentimientos más intensos y terroríficos te parezcan muy creíbles, recuérdate a ti mismo que siguen sin ser más que pensamientos, imágenes o sentimientos. Esto te dará el espacio que necesitas para continuar adelante cuando aparezcan tus ansiedades y tus miedos. No tienes que comprar todo lo que tu mente te ponga sobre el mostrador.

19

Desatasca tu vida

Resulta muy difícil avanzar cuando lo que tu mente te dice es que permanezcas donde estás porque es un lugar más seguro y menos arriesgado. Cuando estás ansioso o asustado, tu mente podría elucubrar todo tipo de razones por las que deberías o quedarte inmóvil o huir. Ahí es donde es importante que entiendas que tu mente podría estar tendiéndote una trampa que últimamente te mantiene atascado y alejado de la vida que en realidad deseas llevar.

Lo más peligroso de esas trampas es que se presentan en forma de razones y de una letanía de justificaciones para animarte a escapar de la ansiedad en vez de permanecer con ella. Es muy probable que tu mente te diga: «Harás el ridículo si vas al espectáculo o si haces esto o aquello». Podría decirte también: «Si te entra el pánico, podrías hacerte daño (o hacérselo a alguien, sentir vergüenza de ti mismo o hasta morir». O incluso: «No puedes ir al espectáculo porque te quedarás apartada, tendrás un ataque de nervios y serás incapaz de seguir adelante o incluso de respirar, perderás absolutamente el control». Todos esos pensamientos te seducen para que te quedes sentado con los brazos cruzados y no hagas nada.

Más en tu interior, tu mente te está diciendo: «No puedes tener ansiedad y vivir tu vida». Pero, ¡claro que puedes vivir tu vida, con o sin ansiedad! Para conseguirlo te hace falta algo de valor. Y este valor, este coraje, consiste en decidir que algo es más importante que el miedo.

Cuando tu mente ansiosa intenta atraparte, lo más valiente que puedes hacer es permanecer sentado con tus pensamientos y no hacer aquello que te están diciendo que hagas. Se requiere una actitud valiente, porque el impulso de cortar con ello y correr, o evitarlo, es muy fuerte y automático. No hacer nada respecto de los pensamientos y los sentimientos ansiosos es la opción más difícil.

Tu mente te gritará que la escuches como hasta ahora siempre has hecho. Pero no tienes que escucharla por enorme que sea el berrinche que se coja. Mira tus pensamientos simplemente como lo que son: pensamientos. Y si te comprometes a esta práctica, te darás cuenta de que se irá haciendo más fácil observar y solo tomar nota de los pensamientos, las imágenes y los deseos, en vez de hacer lo que te dicen.

Una manera sencilla de empezar consiste en observar la mente. Cuando practicas esto, aprendes a ser un observador en lugar de alguien que acepta y cree siempre cualquier cosa desagradable que su mente pueda servirle. Aprendes cómo detectar las veces en que tu mente te provoca con pensamientos que no solo te paralizan, sino que te hacen experimentar ansiedad y miedo y que incluso te pueden llevar a hacerte sentir mal contigo mismo. Con el próximo ejercicio podrás iniciarte en ello.

OBSERVAR LA MENTE

- Ponte en un lugar acogedor donde puedas estar durante cinco o diez minutos sin que nadie te moleste. Empieza cerrando los ojos y haciendo una serie de respiraciones lentas y profundas.
- Imagina que tu mente es una habitación blanca de tamaño mediano con dos puertas. Los pensamientos entran por la puerta principal y salen por la de atrás.
- Simplemente observa cada pensamiento según entra en la habitación blanca. No lo analices. Ni te comprometas con él ni le rebatas nada. Ni creas ni dejes de creer en él. Solo date cuenta de que estás teniendo el pensamiento, nada más. Percíbelo y no hagas nada con él. Quédate mirando el pensamiento hasta que se marche. Cuando parezca que el sentimiento quiere irse, déjalo marchar. No intentes retenerlo.
- Sigue respirando, sigue mirando. Un pensamiento no te pide que reacciones, no te obliga a hacer nada. No significa que seas menos persona por tenerlo.
- De nuevo, mira y percibe tus pensamientos, y trátalos como si fueran meros visitantes que entran y salen de la habitación blanca. Déjalos tener un breve momento en escena. Después, cuando estén listos para irse, déjalos marchar, y da la bienvenida y etiqueta al siguiente pensamiento, y después al otro, y al otro.

- Continúa con este ejercicio hasta que sientas una verdadera distancia emocional de tus pensamientos. Espera hasta que los juicios no sean más que un momento aislado en la habitación. Ya no importan, ya no te piden que hagas nada.
- Practica este ejercicio al menos una vez al día.

La clave para este ejercicio de *observar tu mente* consiste en percibir y tomar nota de los pensamientos críticos e indeseados en vez de dejarte aprisionar por ellos. Cuanto más practiques para convertirte en observador, más capaz serás de dejar que tus pensamientos entren y salgan, aparezcan y desaparezcan, sin que ejerzan ningún control sobre ti. Proponte hacerlo. Es muy importante aprender a reconocer cómo las trampas que te tiende tu mente te dejan atascado. Y también es un primer paso fundamental para escapar de la trampa de la pelea y la evitación. Solo así lograrás recuperar tu libertad.

20

Ponle cara a tu mente

A lo largo de tu vida has ido conociendo gente que no te cae bien, a todos nos ha pasado alguna vez. Estas personas podrían incomodarte. Podrían incluso asustarte, al revelarte tus miedos y tus vulnerabilidades más profundas. Sus palabras y acciones no son bien acogidas, puede que te inquieten, pero te dan punzadas tan adentro que duelen. Y acabas sintiéndote mal.

Tu mente puede ser como una de estas personas, puede hostigarte y provocarte con sus burlas. Puede servir de ayuda el ganar cierta perspectiva. Una manera sencilla puede consistir en preguntarte a ti mismo: «¿Quién me está diciendo esto ahora?». Si tu mente ansiosa fuera una persona a tu espalda, ¿querrías realmente escucharla? ¿Te ha dado esa persona algún consejo útil en el pasado?

Es posible que esto te resulte demasiado abstracto. Por ello, pasemos a otro ejercicio, ideado por Jamie, la mujer de John, para concretar más esta enseñanza. Puedes optar por anotar tus respuestas en un papel.

¿CON QUIÉN ESTOY TRATANDO?

Empieza poniéndote en contacto con tu mente ansiosa o asustada. Concéntrate en los perturbadores mensajes con los que tu mente os alimenta a ti y a tu vida antes, durante y después de sentirte ansioso o asustado.

Veamos ahora cómo sería tu mente si fuera una persona a la que acabas de conocer. Sigue adelante e imagínatelo por un momento. Puedes cerrar los ojos si de esa manera te resulta más fácil formarte una imagen clara.

Imagina cómo es esta persona, párate a pensar en todo, sé lo más detallista que puedas. ¿Qué tipo de personalidad tiene tu mente ansiosa? ¿Con qué tipo de persona estás tratando? ¿Es una persona bondadosa y cariñosa, o es alguien crítico, duro, despiadado o testarudo? ¿Es alguien con quien te gustaría compartir tu tiempo? ¿Alguien con quien querrías entablar amistad o con quien estarías deseoso de salir a cenar?

Entremos ahora en detalles. ¿Es hombre o mujer? ¿Cuántos años tiene? ¿Cómo es su cara? ¿Y su cuerpo? ¿Cuánto mide? ¿Cómo suele vestir? ¿Cómo actúa?

Vamos un poco más allá. ¿Cómo se comunica con los demás? ¿Eleva el tono? ¿Se muestra terco? ¿Le gusta presumir de lo suyo? ¿Transmite negatividad? ¿Es persistente? ¿Habla poniendo énfasis en lo que dice?

Ahora da un paso atrás durante un momento y pregúntate a ti mismo: ¿Quién es esa persona? Ponle un nombre, uno divertido si te apetece. Dedica un tiempo a reflexionar.

Una vez que ya tienes en la cabeza un dibujo claro de este personaje, imagina que él o ella se presenta un día en la puerta de tu casa por sorpresa, sin que tú lo hayas invitado. Mientras abres la puerta con gran suavidad, pregúntate: ¿Cómo reacciono al verlo? ¿Estoy escogiendo darle la bienvenida a esta persona de una manera amable, la recibiré como si de un amigo cercano o un familiar se tratara? ¿O escojo recibir al personaje de la ansiedad como si fuera un enemigo o un invitado no deseado? Puede que seas ambivalente. Date cuenta aquí de que tratar la ansiedad con ambivalencia o como si fuera un enemigo es algo que no se espera en ninguna relación sana que mantengas con otra persona en tu vida. Y precisamente respecto a esto las cosas deben cambiar.

Si tu mente ansiosa fuera una persona real similar al personaje que acabas de crear, ¿querrías escuchar todo lo que la otra persona tiene que decirte? ¿Permitirías que esa persona te dictara qué hacer y cuándo? Muy probablemente no. Por eso, escoge el tipo de relación que te gustaría tener con tu mente y con tu vida emocional.

21

Palabras, letras y tinta

Los pensamientos pueden parecer sólidos. Puede dar la sensación de que tienen forma y sustancia, como rocas gigantes que te aplastan. Sin embargo, esto no es sino una enorme ilusión. En realidad, los pensamientos se asemejan al humo que emerge de un palo de incienso ardiendo. Podríamos intentar agarrar el humo, pero se nos escurre de entre los dedos. El humo termina disipándose y al final de él no queda ni rastro. Nada. Acaba sin haber nada a lo que agarrarse. He aquí la verdadera naturaleza de los pensamientos: palabras e imágenes sin forma ni sustancia.

Aprender a ver la naturaleza real de los pensamientos es un arma poderosa para romper la ilusión de que tú eres tus pensamientos, o de que todos tus pensamientos deben ser escuchados y creídos.

El ejercicio con el que continuamos te ayudará a cultivar más esta importante destreza.

LOS PENSAMIENTOS EN TARJETAS

Este ejercicio lo puedes llevar a cabo cuando y donde sea que se te aparezcan los pensamientos y los impulsos ansiosos. Lo único que necesitas son pequeños trozos de papel o fichas. En cuanto tus ansiedades y tus miedos aparezcan, solo etiquétalos, coloca cada pensamiento, preocupación, sensación, impulso o imagen en su tarjeta. ¡Sé concreto!

A continuación, mira lo que anotaste en la tarjeta. Si te pidiéramos que describieras lo que ves, ¿qué nos dirías? Tu primera reacción podría ser: «Pues... obviamente, veo palabras». Pero justo aquí es donde queremos que entres más en detalles. ¿Qué ves realmente en la tarjeta? Céntrate únicamente en lo que anotaste.

Si te tomas un momento y te centras únicamente en lo que tus ojos ven, te darás cuenta de que ves palabras, letras y tinta. Eso es. Si escribiste: «Soy un incompetente» y lo miras, lo que verás serán palabras, letras y tinta. Y si escribiste: «Soy un plátano», verás justo eso mismo: palabras, letras y tinta. Todos los pensamientos están hechos de lo mismo.

Hace un momento, los pensamientos y los impulsos estaban en tu cabeza. Probablemente allí dentro parecían muy sólidos y duros. Ahora ya están fuera, los tienes expuestos ante ti, puedes mirarlos. Concédete un tiempo para mirarlos por lo que son. ¿Qué sucede cuando haces girar tu vida en torno a las palabras, las letras y la tinta de la tarjeta? Date cuenta de que puedes elegir hacer lo que la tarjeta te dice (luchar) o dejar que lo que escribiste sea solo eso: un pensamiento, una sensación, una imagen, un impulso para actuar. Solo palabras, letras y tinta.

Para hacerte una idea de la lucha, coloca la tarjeta con el pensamiento o el impulso entre tus manos y presiona una con otra muy muy fuerte. Repítelo durante al menos 30 segundos y después para. Coloca suavemente la tarjeta sobre tu regazo. Fíjate el esfuerzo tan diferente que hacemos al empujar contra el pensamiento o el impulso o cuando experimentamos la sensación de apoyar suavemente la tarjeta en nuestro regazo.

Resulta muy útil ejercitarte en sujetar tus pensamientos y tus impulsos mediante el recurso de llevarlos contigo. Por ello, métete las tarjetas en un bolsillo, o en una cartera, y déjalas allí durante tu rutina diaria. Date cuenta de que puedes ir de un lado a otro con ellas.

De vez en cuando, cuando tengas un momento a lo largo del día, saca las tarjetas y míralas, pero asegúrate de que no te quedas enganchado a lo que dicen. Solo míralas y obsérvalas bien. Recuérdate a ti mismo qué es lo que estás mirando: palabras, letras, tinta. Date cuenta de que tienes la posibilidad de elegir: quedar preso de los pensamientos que ves en las tarjetas o hacer algo más en tu vida. Si buscas consejo en tu experiencia, sabrás de sobra qué hacer. Es hora de que confíes en tu experiencia y no en lo que tu mente ansiosa te dice.

Practica poniendo tus pensamientos e impulsos en tarjetas y llévatelas contigo allá donde vayas. Hazlo todos los días durante el tiempo que desees. Si quieres, puedes ir cambiando las tarjetas de vez en cuando. Algunas personas con las que hemos trabajado nos dicen que preparan toda una pila de fichas. Después, cada mañana las barajan, escogen cuatro o cinco, y las llevan consigo todo el día. Las tarjetas estarán disponibles para siempre que quieras acceder a ellas, de la misma manera que tu historia pasada está siempre contigo.

Recuerda que, cada vez que toques o leas una tarjeta durante el día sin quedarte enredado en ella ni hacer lo que dice, estarás perfeccionando una destreza fundamental. Con el paso del tiempo, te darás cuenta de que puedes alejarte de la fuerza que esas palabras llevan ejerciendo sobre ti durante tantísimos años.

22

Sé paciente

El aprender a ver los pensamientos entrar y salir en la habitación blanca, y moverte con ellos como has hecho al practicar el caminar consciente son grandes destrezas que puedes utilizar a diario. Sin embargo, cuando la ansiedad y el miedo aparecen y se vuelven más intensos, pueden llegar a hacer desaparecer tu esperanza y tu intención de quedarte contigo mismo. En ese punto, te puede resultar casi imposible permanecer en tu propia piel y seguir allí donde estás. Nuestra reacción natural es apartarnos de aquello que nos hace sentir mal. El impulso de hacer algo puede ser dolorosamente fuerte, puede venir cargado de la energía y la fuerza explosiva de una intensa tormenta. Y ello te puede hacer sentir fuera de control y asustado.

Puedes aprender a seguir adelante con toda esa energía dentro (el trueno de tus impulsos, el rayo de tus miedos, la implacable incertidumbre de tu ansiedad o el enorme viento y la torrencial lluvia) que te lleva a cortar con todo y huir. Esto exige valor. Puedes ejercitarte en simplemente permanecer con ello, sin dejar que con su enorme fuerza te arrase. Se trata de otra poderosa manera de vivir sin miedo, de llevar una vida que no venga marcada por el miedo.

ESTO TAMBIÉN PASARÁ

- Ponte cómodo en una silla y cierra suavemente los ojos. Dedica unos minutos a escuchar el ritmo natural de tu respiración mientras coges aire y lo vas soltando despacio.

- Una vez que estás relajado, trae a tu mente una situación reciente en la que sintieras el fuerte impulso de cortar con todo y salir corriendo para huir de tu miedo y tu ansiedad. En tu mente, dale tanta vida a la situación como puedas. Recréala al máximo. ¿Dónde estabas? ¿Quién más estaba? ¿Qué pasó? ¿Qué experimentaste entonces y que estás experimentando ahora?

- Según vas trayendo a tu mente la situación, date cuenta de cómo se va desatando la tormenta de ansiedad y miedo. Percibe cualquier cambio turbulento que pueda darse en tu cuerpo, incluyendo aquí el dolor, la presión o cualquier otra sensación que denote miedo. Podrías tener pensamientos que te golpean como un rayo, quizás en torno a tus sensaciones y sentimientos. ¿Qué te dice tu mente sobre ellos? ¿Sobre la situación? ¿Sobre ti?

- Ahora concéntrate en la experiencia física del impulso de actuar. Percibe su energía salvaje, como una lluvia torrencial que intenta borrar tu propósito y todo aquello que para ti es importante. ¿Hay presión, rigidez, tensión? En caso de haberla, ¿dónde se localiza? ¿Tiene forma? ¿Color?

- Escoge ahora capear la tormenta. Imagina que permaneces receptivo, con los brazos abiertos, y sigues ahí, con esa energía salvaje por debajo de la superficie de tu experiencia. Si puedes, continúa adelante y abre los brazos todo lo que puedas. Ábrete a tu experiencia sin intentar repararla, sin tratar de luchar contra ella o de suprimirla, y sin ejercer ningún tipo de acción. Simplemente permanece allí, sigue con los brazos aún abiertos, inunda de comprensión y bondad la energía y el malestar, al igual que harías con un buen amigo o un familiar muy cercano que estuviera sufriendo y necesitara tu ayuda.

- Fíjate en cómo la tormenta desatada en ti empieza finalmente a moverse. Nota cómo las cosas comienzan a calmarse y tranquilizarse. Y mientras descansas en ese sosiego conseguido, párate a pensar en qué es ahora nuevo o distinto para ti. Mira a ver si puedes darte cuenta de que has hecho algo bueno para ti, para tu vida, aun cuando estuvieras asustado o sintiendo el fuerte impulso de huir o soltar golpes contra todo.

- Cuando va llegando el final del ejercicio, reconoce y honra el paso que has dado al hacer esta práctica, y comprométete a practicar cómo aguantar tus fortísimos impulsos con el fin de lograr vivir la vida que deseas.

Este ejercicio nos enseña que la ansiedad y el miedo van y vienen cuando quieren. No suele existir una forma sana de controlar nuestro temporal emocional. Pero lo que sí podemos hacer siempre es escoger la manera de responder a él. Cada tormenta es una oportunidad para practicar el abrirnos, ser plenamente conscientes y permanecer presentes con nosotros mismos tal y como somos. Esto nos ayudará a permanecer con nosotros mismos cuando la ansiedad y el miedo nos amenacen con bloquear nuestro camino. Podemos llevarlo a cabo siempre que nos descubramos sintiendo emociones desagradables.

23

Desarma la ansiedad

La ansiedad y el miedo privan de poder y energía a nuestra participación activa. Cuando te sientes preso del miedo o la ansiedad, es muy posible que el monstruo te esté presentando barreras en forma de pensamientos, sensaciones corporales, imágenes o impulsos que preferirías no experimentar. Y por eso luchas. Y evitas. Pones resistencia. Podrías incluso rendirte. Sin embargo, esta manera de relacionarte con tu vida emocional es precisamente lo que la ansiedad necesita de ti para convertirse en un monstruo amenazador.

Con el siguiente ejercicio aprenderás a desarmar al monstruo de la ansiedad para que deje de ser una barrera entre tú y la vida que deseas llevar. La práctica consiste en aprender a estar presente, a abrirse y a fomentar las cualidades de la bondad contigo mismo y con tu experiencia. No se trata de matar al monstruo de la ansiedad, porque sabemos que es imposible. Y tampoco consiste en bloquear la mente para evitar que produzca imágenes extrañas, aterradoras e inquietantes, y pensamientos críticos. La clave está en aceptar y reconocer todo esto sin alimentarlo con resistencia activa.

Al igual que sucede con los otros ejercicios, no hay una forma correcta o incorrecta de hacerlo. Simplemente hazlo lo mejor que puedas.

DESMÓNTALA PIEZA A PIEZA

- Ponte cómodo en la silla y cierra los ojos con mucha delicadeza. Respira suavemente un par de veces... Coge aire y expúlsalo, coge aire y expúlsalo...
- Ahora prueba a ver si solo durante un momento puedes estar presente con el monstruo de la ansiedad. Fíjate en cómo el monstruo está formado por una gran cantidad de piezas: pensamientos, imágenes, sensaciones físicas en el cuerpo, impulsos para luchar y oponer resistencia. Ahora vayamos desmontándolas una a una.
- Una por una, céntrate en cada parte y mira a ver bien si puedes permitir a esa parte del monstruo, y a otros aspectos de tu experiencia, simplemente ser. Abre tu corazón a todas y cada uno de ellas y, tanto como puedas, dales la bienvenida como parte de tu experiencia. ¿Alguna parte del monstruo de la ansiedad es realmente tu enemigo?
- Según nos vamos acercando al final del ejercicio, pregúntate suavemente a ti mismo: ¿Estoy dispuesto a ser amable con mis pensamientos

y mis sentimientos y con todo aquello que mi mente y mi cuerpo hagan? ¿Estoy por la labor de aceptarlos como una parte de mí? ¿Y son mi vida y mis valores lo suficientemente importantes para mí como para estar dispuesto a hacer esto ahora y quizás luego una y otra vez?

- Entonces, cuando estés listo, vete poco a poco expandiendo tu atención para percibir los sonidos que te rodean, con la intención de lograr concienciarte y ser solo tú en el momento presente y durante el resto del día.

Este ejercicio nos enseña que la ansiedad está compuesta por muchas piezas más pequeñas. Mirar las partes una por una resulta una poderosa manera de desinflar la ansiedad. Muchas de las partes que forman la ansiedad te son familiares y no merece para nada la pena que trates de luchar en contra. El llamado monstruo consta de pensamientos (imágenes, recuerdos, palabras), sensaciones físicas e impulsos y reacciones comportamentales. ¿Son los ingredientes de esta mezcla realmente tu enemigo? Puede ser que la ansiedad no sea ni siquiera un monstruo.

24

¿Quién soy yo *realmente*?

La mayoría de las personas se sienten desconcertadas cuando les preguntas: «¿Quién eres?». Su respuesta podría ser decir: «Mi nombre es…», y señalar su cuerpo al mismo tiempo. A menudo contestan indicando el papel que desempeñan en su vida: madre, entrenador, trabajador de la construcción, abogado, recepcionista, artista… Pero ¿es eso lo que realmente somos? ¿Nuestro cuerpo? ¿Nuestro rol social? ¿Eres la misma persona ahora que cuando tenías seis años? ¿Te llamas a ti mismo alumno de primer año?

Si de manera constante te preguntas: «¿Quién soy?», tu mente elaborará y te propondrá autodescripciones como «Soy una mujer ansiosa», «Soy una buena persona», «No soy bueno en matemáticas», y una larga lista. A veces las respuestas no constan solo de una línea, si no que incluyen largas historias que explican por qué nos hemos convertido en las personas que hoy somos.

No hay nada malo en narrar historias, siempre y cuando tengamos presente que son eso, solo historias. Por creíbles que resulten, son únicamente historias (palabras sobre ti y tu pasado, o sobre tu posible futuro) creadas todo el tiempo por tu mente. Las historias podrían también contener acontecimientos negativos que hayas vivido. No te estamos diciendo que tu pasado no sea importante. Más bien, te invitamos a que eches una mirada honesta a las historias que tu mente crea y que te preguntes: «¿Me aportan estas historias algo realmente ahora mismo?».

Si de verdad crees en estas historias y haces lo que te dicen, dejarán de ser trampas tendidas por tu mente y se convertirán en trampas vitales autodestructivas que te mantendrán atrapado allí donde estás. Así que, si desde por la mañana te dices a ti mismo que siempre has sido una persona ansiosa, repitiendo, además, las diez razones que te han llevado a serlo, y si encima terminas quedándote en casa porque sientes muchísima ansiedad después de levantarte, es momento de que pares y hagas balance. ¿Estas historias están ampliando tu vida o la van haciendo cada vez más pequeña? ¿Te ayudan a ir en la dirección adecuada para llegar a la vida que deseas tener?

En este punto, quizás te plantees: «Bien, pues si no soy mi cuerpo ni lo que pienso ni lo que siento ni hago, ni tampoco lo que otros dicen de mí, ¿entonces quién demonios soy?».

¿QUIÉN SOY?

Echa un vistazo al listado que sigue. Estate atento a lo que pasa dentro de ti al leer las primera cuatro oraciones. Después pasa a terminar las últimas cuatro oraciones con descripciones inquietantes que tu mente acostumbra a ofrecerte.

- Soy una persona ansiosa.
- Soy demasiado tímido.
- No soy lo suficientemente bueno.
- Jamás lo conseguiré.

Soy ____________________

Soy ____________________

No soy __________________

No soy __________________

¿Te diste cuenta de cómo tu mente empezó casi inmediatamente a trabajar en estas afirmaciones, de acuerdo o en desacuerdo con ellas, parafraseándolas o calificándolas, haciéndolas más fuertes, atenuándolas, y demás? Tu mente ha aprendido a responder al «Yo soy» con un pensamiento o una narrativa elaborada. El trabajo de la mente consiste en elaborar una respuesta para cuando te planteas «¿Quién soy?» o «¿Por qué no puedo hacer lo que me encantaría hacer?». Esto es esencial entenderlo bien. Las respuestas de tu mente no son tú, no son más que el resultado de pensar, más pensamientos.

El responder a la pregunta «¿Quién soy realmente?» con un sencillo y conciliador «Yo *soy*» te permite soltar todas esas respuestas inútiles que tu mente constantemente te ofrece. Es la manera más fácil y más sencilla de dejar ir los pensamientos autolimitantes, de una vez por todas y en cualquier momento. Ya no más argumentos ni explicaciones ni justificaciones ni nada similar. «¡Yo *soy*!». Más adelante, en el capítulo 27, te presentaremos una sencilla y poderosa técnica de meditación que te ayudará a hacer del «Yo *soy*» que experimentas una realidad diaria.

25

El yo expansivo

Hay una enorme diferencia entre tú y todas aquellas cosas contra las que has estado luchando. Tú eres el único que puede notar y observar las cosas que entran y salen de tu mente, tu cuerpo y tu mundo. No obstante, las cosas que piensas, sientes y experimentas no son tú. Tú *tienes* pensamientos, sentimientos y experiencias, pero estos *no son* tú. Por esto mismo, la ansiedad *no eres* tú. Puede que *tengas* ansiedad, pero tú *no* eres la ansiedad.

Te sería imposible observar un pensamiento o un sentimiento si ese fueras tú. Sin embargo, puedes observar tus pensamientos, tus sentimientos y tus sensaciones físicas al igual que observas objetos y experiencias del mundo que te rodea. Al igual que las nubes del cielo, los pensamientos y los sentimientos van y vienen a su antojo. No puedes hacer que se marchen, de la misma manera que tampoco puedes retenerlos. No obstante, puedes aprender a observarlos sin que tú te conviertas en ellos.

Si bien constantemente percibimos las experiencias que nos rodean, nosotros no somos aquello que vemos, probamos, olemos, tocamos y oímos. Solamente lo observamos. Pero no estamos acostumbrados a mirar nuestros pensamientos y nuestra vida emocional desde esta perspectiva. Y nos quedamos atrapados convencidos de que somos realmente lo que pensamos y lo que sentimos. Lo cual no es sino el punto de partida para el sufrimiento.

Para ayudarnos a familiarizarnos con la figura del yo observador, nuestro colega australiano, Russ Harris, nos propone una sencilla metáfora del tiempo atmosférico.

EL ESPACIOSO CIELO AZUL

Tu yo observador es como el cielo. Tus pensamientos y tus sentimientos son como el tiempo atmosférico. El tiempo va cambiando continuamente, pero, por malo que se vuelva, no puede nunca dañar el cielo. Ni tan siquiera la peor tormenta, el ciclón más salvaje o la tormenta de nieve más fría pueden lastimar el cielo. Y aunque el tiempo se torne muy malo, el cielo siempre tendrá suficiente espacio para él. Y si nosotros estamos dispuestos a permanecer, antes o después veremos cómo el tiempo va mejorando. A veces se nos olvida que el cielo sigue ahí porque no podemos verlo a través de todas esas nubes oscuras. Sin embargo, si vamos lo suficientemente alto, ni las nubes de lluvia más oscuras y pesadas podrán impedirnos llegar al claro cielo. Ese espacio de cielo abierto se extiende en todas las direcciones, sin frontera alguna, y sin principio ni final.

Tu verdadero yo es el cielo, no el tiempo. Al igual que el cielo, es expansivo. La meditación es probablemente la manera más sencilla y eficaz de entrar en contacto con esa idea del yo como un espacio abierto y seguro que está dentro de nosotros mismos. Y también puedes desarrollar esta destreza escogiendo tú conscientemente cambiar el punto de vista.

Cuando te encuentras poniéndote tenso, o atrapado por situaciones y pensamientos difíciles, hazte consciente de que tú eres el cielo. Da un paso atrás para tomar distancia de la dificultad y observarla, al igual que te echarías un poco atrás para contemplar bien un coche que te estás planteando comprar. Mira tus pensamientos y tus sentimientos desde el refugio seguro de tu «yo observador». Desde allí podrás ver muy bien lo que está pasando e incluso hacer espacio para los pensamientos y sentimientos más difíciles que se te planteen, sin permitir que ellos vuelvan a tocarte o herirte. Si cultivas la perspectiva del observador, verás cómo enseguida ganas mucha fuerza y libertad.

26

Déjalo estar

Hay una gran fuente de sufrimiento relacionada con el hecho de querer más de una cosa y menos de otra. Se trata de una situación fácil de detectar cuando te sientes ansioso o asustado: quieres menos ansiedad, y más paz y alegría. Si estás aburrido, quieres más excitación. Si eres infeliz, quieres mayor felicidad.

El verbo «querer» implica inevitablemente falta o deficiencia. Por ello, cuando quieres que tus pensamientos y tus sentimientos sean diferentes, tu mente lo que te está diciendo es que *a ti* te falta algo o que no eres suficiente. Y eso no solo duele, sino que también sienta las bases para la lucha.

Y ahí justo es cuando se torna muy sano cultivar el yo observador. Como observador, miras lo que está pasando y aprendes a permitir que tu experiencia sea tal y como es, sin *querer* cambiarla.

Veamos lo que nos puede enseñar un juego ficticio de ajedrez acerca de mirar nuestra experiencia desde el punto de vista del observador imparcial, sin tirar más hacia un lado que otro o tomando partido.

¿JUGAMOS O VEMOS EL JUEGO?

Imagina que estás participando en una partida de ajedrez. Las piezas negras representan tus ansiedades y tus miedos, y todo lo que los desencadena. Las blancas representan lo que sueles hacer para contraatacar, todas y cada una de las estrategias de afrontamiento que utilizas para enfrentarte a la ansiedad y el miedo.

Así que, cuando el caballo negro ataca (por ejemplo, «estoy a punto de perder el control»), te subes a tu caballo blanco y te diriges a la batalla armado con tus estrategias de afrontamientos, y tratas de usarlas para dejar al caballo negro fuera de combate: respira... distráete... piensa en positivo... procrastina... abandona la situación... ríndete... etc.

Mas ahora no estás en tu habitual partida de ajedrez. En esta partida no tenemos dos jugadores diferentes, cada uno enfrentado al otro. En vez de tener dos equipos enfrentados, solo hay un equipo: ¡tú! Los pensamientos, los sentimientos y las acciones a ambos lados del tablero son tus pensamientos, tus sentimientos y tus acciones. Todos ellos te pertenecen.

De esta forma, el juego queda amañado. Ambos lados sabrán siempre los movimientos del otro. Y aún peor, da igual quien gane cada vez, puesto que una parte de ti siempre será perdedora. No hay forma alguna de que te corones vencedor cuando son tus propios pensamientos y sentimientos los que compiten unos contra otros.

Retrocedamos por un momento. ¿Y qué pasaría si esas figuras de ajedrez no fueran tú? ¿Te imaginas el gran alivio que sentirías si no tuvieras que ser un jugador que participa en el resultado? ¿Puedes imaginarte qué otra cosa podrías ser?

Supongamos que eres el tablero. Como tablero, tu trabajo consiste en sostener todas las piezas. Al tablero no le importa quién gana o quién pierde. El tablero no se decanta por unas u otras piezas, no se implica en la batalla. Simplemente proporciona un espacio para el juego y deja que se desarrolle.

Al igual que sucede con el tablero, tú también puedes escoger ser un observador imparcial de todas tus experiencias.

Te parecerá raro pensar en ti mismo como si fueras un tablero de ajedrez, al menos al principio. Sin embargo, con el paso del tiempo, adoptar la perspectiva del tablero te resultará más fácil y te proporcionará un enorme alivio. Este alivio se basa en una experiencia y una comprensión más profundas de quién eres realmente.

Como tablero, verás siempre tus pensamientos y tus sentimientos ir y venir, mutar y cambiar de un instante a otro. Son parte de ti solo durante un rato, después se marchan. Pero el tablero, ese tú observador, está y siempre ha estado allí, inmutable sea lo que sea que sucede a su alrededor. Proporciona espacio para elegir con qué comprometerse, qué dejar ir, qué hacer con tu tiempo y tu energía. El aprender a mirar desde la perspectiva del tablero te ayudará tanto a liberarte del miedo como a alcanzar un estado de enorme paz mental.

27

Abandona las historias

La mente es una máquina de contar historias muy evolucionada. Algunas pueden ser muy útiles y hasta entretenidas. Pero las historias también pueden ser limitantes, y sumarse así a tus sentimientos de inmovilidad y sufrimiento.

Una manera de superar los pensamientos y las historias autolimitantes consiste en, lo primero, liberarse de la idea de que tú eres lo que piensas y lo que sientes. Ahí es donde te pueden ayudar tu yo observador, la atención plena y la autocompasión. Debes también estar dispuesto a soltar el resto de la historia y las etiquetas que siguen al «Yo *soy*», del mismo modo que ya hiciste en el capítulo 24.

Por eso, en vez de «Soy una persona ansiosa», te das cuenta de que estás teniendo un pensamiento, y te preguntas a ti mismo si ese pensamiento te es realmente útil en tu vida. Si la respuesta es no, haces una pausa y vuelves a tomar conciencia de tu yo observador o del «Yo *soy*». Punto. Lo que sigue al «Yo soy» son palabras, tu mente trabajando para crear el resto de la historia.

Sin embargo, para entrar realmente en contacto con tu esencia, tu verdadero y constante sentido de identidad, tendrás que sumergirte más allá de las palabras y de las historias. Por debajo de la superficie, hallarás al yo observador que reside en ti. Lleva allí incluso desde antes de que tuvieras palabras para describirte a ti mismo. Estaba allí ayer y estará allí mañana. Es tu firme y seguro refugio.

Este espacio está justo en tu interior. Se trata de una calma que reside muy dentro de ti y que te espera para que entres en contacto con ella. Miles de años de sabiduría –y ahora la investigación científica– defienden la idea de que la práctica de la meditación es una poderosa manera de experimentar este aspecto seguro, completo y sin mancha de ti mismo. Por ello, aquí nos gustaría presentarte una forma muy antigua de meditación que te llevará a conectarte con tu yo observador y que te ayudará a abandonar los relatos que a menudo siguen a tus inútiles narrativas iniciadas por «Yo soy esto o aquello».

El siguiente ejercicio, al que hemos titulado *La meditación del mantra «Yo soy»*, te pide que repitas una simple frase o mantra: «*Yo soy*». Esta práctica literalmente te hace abandonar los hilos argumentales que acostumbrabas a utilizar para continuar tus inútiles descripciones «Yo soy esto o aquello». Mientras en silencio repites el mantra «*Yo soy*», tu mente se va acomodando en tu interior, de una forma natural y sencilla, por debajo de su burbujeante superficie, hasta llegar a un lugar de pura conciencia y tranquilidad. Te llevará más allá de la charla infinita de tu mente y te permitirá experimentar el silencio y la conciencia pura, tu verdadera identidad.

Al principio solo vislumbrarás brevemente la experiencia, pero con el tiempo, el simple hecho de cerrar suavemente los ojos y pensar el mantra hará que se asiente tu mente. Te bastará con practicar con regularidad esta meditación sencilla para que se convierta en un hábito poderoso y transformador.

Antes de comenzar, lee las instrucciones con atención al menos un par de veces. Mientras realizas el ejercicio, presta mucha atención a las reglas e indicaciones básicas que te damos. Después cierra los ojos y comienza la meditación. Empieza haciendo la meditación durante, como mínimo, diez minutos. Si quieres, puedes ir poco a poco aumentando el tiempo que dedicas a meditar hasta llegar a los veinte minutos.

LA MEDITACIÓN DEL MANTRA «YO SOY»

- Ponte cómodo en la silla. Siéntate derecho y apoya tus manos sobre las piernas. Las piernas pueden estar cruzadas o sin cruzar. Cierra los ojos suavemente.
- Respira con naturalidad sin intentar intervenir en tus respiraciones.
- Espera durante 20-30 segundos, y después empieza a pensar en el mantra «*Yo soy*» con muy suavemente, sin que te suponga un esfuerzo ni te genere tensión. Repítete el mantra en silencio para ti mismo sin preocuparte por el tempo, el ritmo o el sonido.

- Pasado un rato, percibirás pensamientos, imágenes o puede que sensaciones corporales. Si surge un pensamiento, una imagen o una sensación, no trates de eliminarla. Solo deja que permanezca allí. Cuando te des cuenta de que no estás pensando en el mantra, vuelve suavemente a centrar tu atención en él y repite con mucha tranquilidad: «*Yo soy, yo soy...*». Cada vez que vuelvas al mantra, hazlo con suavidad y sutileza.
- El mantra podría cambiar de distintas formas. No pasa nada, está bien. Puede ir más rápido o más despacio, puede sonar más fuerte o más suave, más claro o más difuso, o puede que no cambie ni un ápice. No intentes ponerle un ritmo ni acompasarlo con tu respiración. En cada caso, tómalo así tal y como se presenta, sin anticipar el cambio ni oponerte a él, aproxímate a todo el ejercicio con tranquilidad.
- Sigue con este proceso durante los siguientes diez o veinte minutos.
- Después deja de pensar en el mantra y tómate una pequeña porción de tiempo para descansar en la tranquilidad y el silencio que te regala tu meditación. Continúa sentado con los ojos cerrados dos o tres minutos más. Abre ya los ojos y reanuda tu actividad con normalidad.

Nuestra sugerencia es que practiques esta *meditación del mantra «Yo soy»* dos veces al día. Adquirir el compromiso, y cumplirlo, de hacer meditación a diario es uno de los pasos más importantes y poderosos que puedes dar hacia la sanación y la transformación. Lo sabemos por propia experiencia, y porque ahora contamos también con mucha investigación científica que apoya esta conclusión. Esta meditación te ayudará a crear un espacio entre tu verdadero yo y los pensamientos y las emociones que te han obligado a permanecer atascado y a luchar. Las primeras veces, asegúrate de releer las breves instrucciones antes de comenzar la meditación.

28

El comportamiento sí importa

El comportamiento es todo aquello que hacemos con la boca, las manos y los pies. Cuando la ansiedad y el miedo aparecen, posiblemente respondas comportándote de determinada manera para reducirlos, para hacerlos desaparecer, para huir de ellos. Puede que no te des cuenta de que *tú* tienes el poder de controlar tu comportamiento y tu respuesta ante la ansiedad y el miedo. Aprender a actuar de forma diferente es clave para liberarte.

Supongamos que estás en un centro comercial y que empiezas a sentir que se te avecina un ataque de pánico. Entonces empiezas a actuar sobre él. Quizás buscas una de las pastillas que llevas contigo siempre y luego buscas la salida más próxima. Ambos son comportamientos.

Pero podrías hacer también otra cosa. En vez de marcharte, podrías quedarte en el centro comercial, poner en práctica las técnicas que te ofrece este libro, y centrarte en seguir haciendo lo que realmente quieres. Si te encuentras muy agitada, te puedes también sentar o apoyar contra la pared, observar lo que le está sucediendo a tu cuerpo y lo que tu mente trata de contarte y luego capear el temporal, como ya hiciste en el capítulo 22.

Después te pones en pie de nuevo y vas a comprarle a tu hija esos zapatos que le habías prometido.

En ambos escenarios estás haciendo algo. Y la elección que hagas de las acciones, en un sentido muy real, te ayuda a definir quién eres realmente y qué quieres hacer con tu vida. Con el siguiente ejercicio de metáforas lograrás entrar en contacto con esta básica verdad.

EL PODER DE ELEGIR

Imagina que vas conduciendo por la vida, siguiendo una larga carretera que te lleva a la montaña. Llamémosla tu «montaña de valores». Representa todo lo que te importa en la vida y todo lo que quieres ser como persona. Allí es donde quieres ir.

Y ahí estás tú, conduciendo felizmente cuando, de repente, la ansiedad te asalta y bloquea la carretera. Pisas rápido los frenos y, sin dudarlo, das un volantazo hacia la derecha para sortear el golpe. Pero ahora resulta que estás en el desvío de «control y evitación emocional». Esta desviación tiene su propia carretera. Como si de una rotonda se tratara, va haciendo círculos. Y das vueltas y vueltas, y dejas pasar el tiempo, deseando que pase la ansiedad. Mientras tanto, tu vida sigue pasando.

Eso es precisamente lo que sucede cuando luchas contra pensamientos y sentimientos desagradables. Te sientes atascado, como si anduvieras en círculo, te notas lejos de la vida que realmente quieres. No quieres que tu vida transcurra en ese desvío del control y la evitación. Sin embargo, es demasiado fácil verte atrapado allí. Mucha gente se ve así.

Pero no tienes que permanecer allí. Puedes cambiar la forma en que respondes a la ansiedad y al miedo. En lugar de tomar el desvío, puedes permanecer en la carretera que te conduce hacia tus valores y llevarte contigo la ansiedad y el miedo. Ya no reaccionas ni luchas contra ellas. Optas por ir hacia adelante con ellas porque elegir la alternativa de siempre sabes bien que tiene un alto coste para ti.

La primera y más importante tarea consiste en elegir avanzar cuando la ansiedad intenta bloquearte el camino. La segunda tiene que ver con mostrarte dispuesto a aceptar lo que estás pensando y sintiendo y llevártelo contigo mientras sigues adelante. A menos que lleves a cabo las dos, seguirás quedándote atascado.

El efecto acumulativo de tus decisiones y tus acciones determina aquello en lo que se convertirá tu vida. Todo lo que hagas de aquí en adelante se sumará a ello. Cómo eliges y qué haces es lo que crea tu destino y tu legado. ¡Este es el premio!

29

Descubre lo que te apasiona

¿Qué es importante para ti? ¿Lo sabes realmente? Si la respuesta es no, ha llegado el momento de que lo averigües.

Todos nosotros tenemos un tiempo finito en la tierra. Resulta triste, pero muchos de nosotros vamos de un día a otro con el piloto automático puesto, nunca nos paramos a mirar bien en qué estamos invirtiendo nuestro tiempo ni dedicamos un instante a preguntarnos a nosotros mismos: «¿Es realmente esto lo que yo quiero ser?». La mayoría de la gente no pensamos al respecto hasta que ya es demasiado tarde para hacer algo. No dejes que a ti también te pase.

Todos sabemos que la muerte es inevitable. La mayoría de nosotros no tenemos control alguno sobre cómo o cuándo moriremos. Sin embargo, lo que sí podemos controlar es cómo vamos a vivir de hoy en adelante.

Relatos de primera mano nos enseñan que alguno muy profundo sucede cuando las personas han estado cerca de la muerte y logran sobrevivir. El enfrentarse con la muerte obliga a la gente a despertar y hacer balance. Se reordenan las prioridades. Los viejos hábitos y las actividades que antes parecían importantísimas ahora se vuelven triviales. Y empezamos a dedicar todo el tiempo, la energía y los recursos en cosas que realmente importan. Y por estas nuevas acciones será por lo que ellos (y tú) seréis recordados.

Lo que viene ahora son dos ejercicios relacionados con la escritura de un diario que te ayudarán a conectar con lo que quieres para tu vida. Es posible que ambos ejercicios te resulten un tanto extraños o que incluso te den miedo, pero has de tener en cuenta que los dos son poderosísimos. Tómate tu tiempo con ellos.

EPITAFIO PARA UNO QUE VIVIÓ GESTIONANDO LA ANSIEDAD

Tu tarea consiste en escribir tu epitafio (la inscripción que aparece sobre tu tumba). Imagina cómo sería si fueras a morir hoy. ¿Qué diría si versara sobre lo que hiciste para gestionar tu ansiedad? ¿En qué te has convertido al vivir al servicio de tu ansiedad? Trae a tu mente todas las estrategias de gestión y afrontamiento que utilizas para tener tu ansiedad y tu miedo a raya. Sé consciente de cómo ellas se han interpuesto en tu camino hacia lo que quieres hacer. Piensa en todas las cosas que dices en alto, en aquellas que piensas para tus adentros, rememora lo que hacen tus manos y tus pies antes, durante y después de que la ansiedad aparezca. Si quieres, coge un trozo de papel y anótalas.

Este ejercicio te pide que te enfrentes de manera directa con aquello en lo que se ha convertido tu vida por vivir obsesionado con no tener ansiedad ni miedo. Sabemos que probablemente te resultará complejo, que incluso será quizás en cierta manera deprimente. Pero tranquilo, el siguiente debería hacerte sentir mejor.

Ahora queremos que escribas otro epitafio, pero esta vez el epitafio que a ti te gustaría leer. Uno en el que no quede reflejado cómo la ansiedad y el miedo te robaron tu tiempo y tu energía. Este epitafio ha de recoger todo lo que realmente te importa y por lo que te gustaría que se te conozca. Es tu:

EPITAFIO PARA UNA VIDA VALIOSA

Imagina que pudieras vivir tu vida sin luchar contra las preocupaciones, la ansiedad o el miedo. ¿No sería genial? ¿Qué harías? ¿Cómo te gustaría ser?

Mientras conectas con esto, imagina que estás de pie frente a la lápida de tu tumba. De pronto te das cuenta de que está en blanco. Aún no se ha escrito tu epitafio (las palabras que describen tu vida). ¿Qué inscripción te gustaría leer?

Piensa en una frase o en un conjunto de frases breves que capten la esencia de la vida que quieres llevar. ¿Por qué quieres que te recuerden? ¿Qué estarías haciendo con tu tiempo y tu energía?

Date un tiempo para reflexionar sobre estos interrogantes que son realmente muy importantes. Si encuentras una respuesta, o más de una, anótala. No hay límites para las cosas por las que quieres que te recuerden. Piensa en grande.

Tampoco se trata de un ejercicio hipotético. Por lo que te recordarán, lo que definirá tu vida, depende única y exclusivamente de ti. Depende de lo que hagas ahora. Depende de las acciones que lleves a cabo. Así será como definirás las palabras de tu epitafio.

Una vez que hayas terminado, compara tu *epitafio para una vida valiosa* con tu *epitafio para uno que vivió gestionando la ansiedad*. ¿Por qué epitafio quieres que te conozcan? ¿Cuál afirma mejor la vida y refleja con más verdad la persona que quieres ser?

Entendemos que para ti sea importante dominar la ansiedad, pero ¿realmente quieres que en tu lápida se lea: «Aquí descansa [tu nombre] que finalmente consiguió librarse de la ansiedad»? No vas muy descaminado si esa inscripción no despierta en ti ninguna emoción. Hemos realizado este ejercicio con infinidad de personas a las que les ha pasado lo mismo que a ti. Y nunca hemos visto a nadie escribir algo así como lo anterior.

¿Qué significa el hecho de que la gente nunca mencione la ansiedad en las tumbas ni en las apologías? Quizás el librarte de tu ansiedad (eso que te esfuerzas tanto en conseguir) verdaderamente no es gran cosa en el enorme conjunto de circunstancias. Cada sesenta segundos que inviertes en intentar controlar tu ansiedad es un minuto que pierdes para dedicarte a otra cosa que realmente te importa.

En resumen, la lucha contra la ansiedad te deja fuera de juego en tu vida. Si no estás haciendo las cosas que debes hacer para convertirte en la persona que quieres ser, ahora mismo es el momento de empezar a vivir la vida que quieres y a hacer aquello que es más importante para ti. Es hora de escoger la vida que valoras.

30

Encuentra tu estrella polar

Desde hace miles de años, los navegantes han confiado en la estrella polar para que los ayude a guiarse en sus travesías. Se han formado para saber cómo situarla fácilmente en el cielo nocturno y cómo valerse de ella con inteligencia. Y a día de hoy todavía son muchos los que dependen de ella.

En vez de simplemente mirar al cielo para buscar la ayuda de las estrellas, puedes aprender a bajar la mirada al suelo y confiar en tus valores para que sean ellos quienes te guíen. Al igual que el cielo de la noche parece rotar alrededor de la estrella polar, tus valores son el punto en torno al cual gira tu vida. Los valores nos orientan, nos dan un sentido y una finalidad. Cuando en tu experiencia surjan la tormenta y las dificultades, tus valores te ayudarán a seguir navegando y manteniendo el rumbo hacia adelante. Si no tienes claro lo que importa, acabarás tomando decisiones que te harán sentir perdido, como si caminaras sin rumbo ni esperanza.

Por ello, conocer tus valores es un gran paso para crear el tipo de vida que deseas vivir y convertirte en la persona que quieres ser. Una vez que claramente sabes lo que de verdad te importa, puedes recurrir a tus valores y convertirlos en esa estrella polar siempre presente que sin descanso señala hacia lo que es verdaderamente importante en tu vida.

MI ESTRELLA POLAR

- Imagina que pudieras pasar un tiempo haciendo cualquier cosa. Mentalmente, pregúntate: «SI _______ [insertar una preocupación relacionada con la ansiedad o el miedo u otra cosa contra la que luches] no me supusiera semejante problema, ¿qué estaría haciendo? _______ [introduce aquí tu respuesta].
- Una vez que tienes claro qué es lo que estarías haciendo, abre los ojos y anótalo en una o dos palabras.
- ¿Qué representa esta actividad para ti? ¿Supone, quizás, libertad? ¿O un mayor sentido de conexión con el otro? O quizás es creatividad, familia, expresión, aprendizaje, crecimiento y un largo etcétera. Escucha a tu corazón, solo él te dará la respuesta.
- Captura la esencia de la actividad en una única palabra. Esa es tu estrella polar.

Repite el ejercicio tan a menudo como quieras, pero suele funcionar bien hacerlo entre cinco y diez veces. Repítelo otro día si te ha gustado. Cada vez que repitas el ejercicio, piensa en algo nuevo que estarías haciendo con tu tiempo, y después exprésalo con una o dos palabras también nuevas que capturen la esencia de esa actividad en términos de valores. Una vez que hayas repetido este ejercicio varias veces, acabarás con una lista de tus valores. No tengas prisa. Es mejor persistir y escuchar a tu corazón, pues solo así sabrás tus deseos y anhelos más profundos.

31

Abre las puertas adecuadas

Cuando hablamos de valorar, entran en juego dos cosas. En primer lugar, nos referimos a lo que te importa a ti y solo a ti. Y, en segundo lugar, a lo que tú haces para manifestarlo en tu vida. Este segundo punto es fundamental, puesto que tus valores encuentran su expresión en tus acciones, en todo eso que tú haces con tu boca, tus manos y tus pies.

Así, por ejemplo, tú podrías creer que deberías ser un buen padre o madre, pero, sin acciones, tu creencia no es más que eso, un montón de pensamientos revoloteando por tu cabeza. Si quieres dar vida a tus valores, has de fijarte en las acciones que desempeñas en tu papel como padre. Podrías incluso plantearte: «¿Qué tipo de padre quiero ser? ¿Cómo sería?». Asimismo, si eres una persona que creen en ayudar a los demás debes hacer cosas que sirvan de ayuda a los demás. Si no actúas de acuerdo con tus valores, no serán más que creencias vacías. Las creencias o la moralidad sin acciones son como jarrones vacíos. Puedan quedar bonitos, pero no sirven para nada.

Mientras piensas en tus propios valores, has de concederte también un tiempo para reflexionar sobre esas áreas de tu vida que son profundamente importantes para ti y sobre cómo quieres ser como persona. Estas son cualidades de expresión que hacen que tu vida merezca la pena, que tú quieres mimar y alimentar, y que defenderías con uñas y dientes si fuera necesario.

PRESTA ATENCIÓN A TUS VALORES IMPORTANTES

Vuelve a las estrellas polares que identificaste en el capítulo anterior. Sabrás que estás prestando atención a valores que son importantes para ti si puedes responder con un sí a cada una de las siguientes preguntas.

1. ¿Me preocupo por [insertar una palabra que sea una estrella polar]?
2. ¿Estoy haciendo esto por mí? Si nadie supiera de ello, ¿seguiría importándome? ¿O acaso estoy haciendo esto porque se supone que debo hacerlo, porque es lo que otros quieren de mí o porque quiero obtener la aceptación de los demás?
3. ¿Puedo controlar esto y ponerlo en práctica yo mismo? (Ten presente que lo que las otras personas hacen y dicen no está bajo tu control).
4. ¿Puede aportarme felicidad, alegría y una grata sensación de vitalidad y satisfacción? (Los

valores deberían ser gratificantes a cierto nivel, aun cuando a lo largo del camino nos topemos con dificultades).

5. ¿Es algo que no puedo poner en una lista de cosas pendientes y olvidarme de ello? (Los valores son más un viaje que un destino al que llegas y ya está).
6. ¿Estoy dispuesto a actuar de aquellas maneras en las que pueda expresar mis valores, aun sabiendo que no siempre conseguiré lo que quiero?

La vida es energía, y esta energía es un regalo precioso. Puedes escoger concentrar toda esa energía en aquello importante para ti. O puedes malgastarla en cosas que, a la larga, te sacarán de tu vida. Tus valores te ayudarán a guiarte en esto. Por ello, tómate el tiempo que necesites para reflexionar sobre qué es lo que te importa y sobre el tipo de vida que quieres llevar de aquí en adelante. Mientras lo haces, ten en mente esta pregunta: ¿Cómo puedo utilizar mi tiempo y mi energía de manera inteligente? ¡Esto es algo que sí puedes hacer!

32

Toma decisiones inteligentes

La plegaria de la serenidad nos recuerda que hemos de aceptar lo que no se puede cambiar y, al mismo tiempo, nos anima a cambiar aquello que sí podemos cambiar. El único prerrequisito es que debemos estar dispuestos a experimentarlo. En esta enseñanza hay recogida una enorme sabiduría. Por eso a la gente le gusta tanto. Pero también contiene las semillas de una enorme frustración. ¿Cómo podemos identificar lo que sí podemos cambiar y aquello que es inalterable?

A estas alturas, posiblemente te has ido dando cuenta de que no tienes un gran control sobre la ansiedad. Tu experiencia te lo dice. Y tu experiencia acierta de pleno.

No obstante, lo que sí puedes escoger es qué hacer con la ansiedad. Puedes elegir abrirte y dejar de lado la rigidez ante tu experiencia de la ansiedad o ante cualquier otra experiencia interior contra la que suelas luchar. Puedes optar por disponerte a actuar, pues esta actitud, esta predisposición o voluntad, es lo que tú puedes controlar y cambiar. Aquí está la llave para abrir muchas puertas, para darte la posibilidad de vivir una vida plena y llena de significado, y hacerlo sin miedo y sin dejar que el miedo te controle a ti. El siguiente ejercicio de imágenes te ayudará a conectar con esta verdad.

LA DISPOSICIÓN A ACTUAR ABRE POSIBILIDADES

Imagina que tienes dos interruptores ante ti. Son como los de la luz, con dos posiciones: arriba y abajo, encendido y apagado. Un interruptor se denomina «ansiedad» y el otro «predisposición». Cuando empezaste a leer este libro, probablemente estabas deseando encontrar la forma de apagar el interruptor de la ansiedad, pero esto resultó ser una falsa esperanza. El interruptor de la ansiedad no hace nada, no funciona, nunca no lo ha hecho y quizás nunca lo haga. Y no tienes que creernos a nosotros. Solo fíjate en tu experiencia. Nadie tiene el poder de bajar el interruptor de la ansiedad ni temporal ni permanentemente.

Aquí nos gustaría compartir un secreto contigo. El botón de la predisposición es realmente el más importante de los dos, porque es el que logrará marcar la diferencia en tu vida. A diferencia del botón de la ansiedad, este sí que funciona, y tú puedes controlarlo, de hecho, ya lo haces. Tus emociones subirán o bajarán más o menos por sí solas. Pero, independientemente de tu clima emocional, tú siempre puedes decidir encender tu interruptor de la predisposición.

Cuando de ella se trata, dejas de ser una víctima indefensa, pues este interruptor es controlado por tus acciones, por tu comportamiento. Este es el lugar en el que eres responsable (capaz de responder) o en el que, al menos, puedes hacer algo. Es tu decisión subir o bajar el interruptor de la disposición a actuar.

No estamos seguros de qué sucedería con tu ansiedad si encendieras el interruptor de la voluntad de actuar. Pero hay algo que sí sabemos: *puedes* encenderlo si decides hacerlo. Y, justo en ese momento, podrían empezar a pasar cosas en tu vida. Podrías empezar a hacer todo aquello que realmente quieres hacer y a avanzar en dirección a lo que reza el *epitafio para una vida valiosa*.

Ten presente en todo momento que no estamos hablando de *ignorar* la ansiedad con el interruptor de la disposición a actuar. Tan solo te animamos a dejar de ocuparte de todo aquello que no puedes controlar para centrarte en lo que sí puede estar bajo tu control.

33

Hazlo, no lo intentes

«Lo intentaré» es una de las primeras cosas que la gente nos dice cuando hablan de elegir una buena predisposición. Sin embargo, esto es una receta para permanecer atascados. Podrías incluso decirte a ti mismo «Lo intentaré» cuando estés pensando en la siguiente vez en que te pondrás ansioso. Puede que llegues a pensar: «Intentaré de verdad tener buena disposición y no hacer esta vez lo que normalmente hago». Y cuando las cosas no hayan funcionado, te dirás a ti mismo: «Intenté ir a trabajar. Lo intenté con todas mis fuerzas, pero aun así no pude hacerlo. Mi ansiedad era demasiado intensa, así que tuve que quedarme en casa».

El siguiente breve ejercicio es una poderosa manera de conseguir que comprendas el hecho de que la disposición a actuar consiste en una actitud de todo o nada, no hay término medio. O lo haces o no lo haces. No se puede *intentar* hacer algo. Y tampoco se puede *intentar* estar dispuesto.

EL BOLÍGRAFO MOLESTO

Siéntate ante una mesa y pon un boli delante de ti. Ahora nos gustaría que intentaras coger el boli. Inténtalo con todas tus fuerzas. Lo más que puedas. Sigue adelante e inténtalo. Cuando veas que estás ya agarrándolo, detente. Eso no es lo que te hemos pedido. Queremos que *intentes* levantarlo.

Después de esforzarte un rato, probablemente pensarás: «No puedo hacer esto. O lo cojo o no lo cojo». Efectivamente, así es. No hay forma posible de intentar levantar el boli y de, al mismo tiempo, levantarlo en realidad.

Puede que te hayas dado cuenta de que tu mano estaba atascada, planeando sobre el bolígrafo mientras intentabas levantarlo. A eso es a lo que te obliga el intentar. Acabas «flotando» sobre las cosas de tu vida, pero sin hacer lo que deseas (como cuando intentas perder peso, hacer más ejercicio, trabajar mejor, ser un mejor amante, convertirte en un padre más receptivo, ser más organizado, escuchar mejor o ser menos ansioso). El intentar no hace sino dejarnos flotando, en un estado como de parálisis, atascados.

Intentar es, a decir verdad, una forma de «no hacer». Primero debes elegir si estás dispuesto a hacer algo. Si estás completamente dispuesto y no solo un poco, continúa adelante y hazlo. Y si no estás dispuesto, pues no lo hagas. Recuerda que la buena disposición tiene un interruptor de encendido y apagado, no un selector que se pueda subir o bajar gradualmente.

La responsabilidad de cambiar de posición el interruptor de tu predisposición es toda tuya. Es hora de enfrentarse a esta dura realidad de frente. Tu comportamiento es algo que puedes controlar, incluso cuando estás bajo el dominio de poderosas emociones como la ansiedad y el miedo. Esto es una buena noticia.

No tienes que *sentirte* dispuesto a hacer algo para *hacerlo*. Y ello es porque *la disposición a actuar no es un sentimiento*. Así que, cuando te animamos a mostrarte dispuesto, no te estamos pidiendo que cambies la forma en que te sientes. Puedes seguir pensando que tus ansiedades son degradables y que no te gustan. Al pedirte una buena predisposición, lo que te pedimos es que *elijas*. Y dicha elección consiste en que permanezcas con tu ansiedad cuando esta aparezca y que continúes haciendo todo aquello que te importa.

34

Ejercita la bondad

Muchas personas se sienten preocupadas por emociones y sentimientos complejos, pero les faltan las destrezas necesarias para hacerles frente. Están convencidas de que lo mejor que pueden hacer es defenderse y contra-atacar. Y lo cierto es que esta inclinación natural no es para ellas sino una fuente de sufrimiento innecesario.

Una manera mucho más eficaz y hábil de enfrentarse a cualquier energía negativa consiste en aproximarse a ella con una actitud de «bondad amorosa» (*loving kindness*). Para ello has de tratar tu mente y tu cuerpo amistosamente, con suavidad, con serenidad y, por qué no decirlo, con amor. Al hacer eso, el dolor emocional y el sufrimiento no tendrán sitio alguno para crecer y apoderarse de toda tu vida.

La bondad por sí sola es sencilla y, al tiempo, muy compleja para la mayoría de la gente. Mas no dejes que eso te detenga. Puedes aprender a ser bueno contigo mismo. Al igual que las personas entrenan para desarrollar músculo, tu músculo de la bondad necesita práctica y uso habitual. Este músculo se irá haciendo más fuerte con el tiempo. Puedes empezar a trabajar este músculo a diario, cada vez que estés caminando. El ejercicio que sigue parte del *caminar consciente* que ya practicamos antes (capítulo 13), pero en esta ocasión con un toque importante: hay que caminar llenos de bondad amorosa en la mente y en el corazón.

CAMINAR CON BONDAD AMOROSA

Para este ejercicio, lo único que tienes que hacer es caminar a un ritmo normal en el interior o en el exterior. Mientras vas caminando, repítete en silencio una frase significativa o un mantra, algo que refleje una intención y un deseo de bondad amorosa para contigo mismo. Algo sencillo, como: «Ojalá tenga paz», «Ojalá sea siempre amable conmigo mismo», «Ojalá experimente alegría», «Ojalá nunca padezca un sufrimiento innecesario». Escucha a tu corazón.

Antes de seguir adelante, inventa tu propia frase:

«Ojalá ____________________».

Mientras caminas y avanzas, en silencio, repite para tus adentros tu frase cargada de bondad amorosa. Cuando algo o alguien a tu alrededor capte tu atención, toma nota y luego redirige en silencio tu frase personal a esa realidad (objeto, persona o criatura). Así, si un árbol, por ejemplo, capta tu atención, dirías en tu interior: «Ojalá este árbol tenga paz». Si es un extraño, haces lo mismo. Si se trata de un pensamiento, un recuerdo o un sentimiento, lo mismo. Si es un animal, un coche o cualquier otro objeto, haz lo mismo. No pasa nada si esto te resulta raro o fuera de lugar. Tú sigue simplemente aplicando la frase a cualquier cosa que capte tu atención.

Luego, una vez que has extendido tu frase de bondad amorosa a lo que quiera que haya llamado tu atención, vuelve tu atención de nuevo hacia tu persona y sigue andando mientras repites en silencio tu mantra para ti mismo («Ojalá yo...»). Repite durante tanto tiempo como desees este proceso de dirigir la frase hacia ti mismo y después hacia algo que capte tu atención, y otra vez de nuevo hacia ti mismo.

Cuando te topes con dificultades en tu día a día, esta práctica es una sencilla y fortalecedora manera de mitigar los golpes. Empieza fijándote cada día la intención de hacerlo cuando salgas a caminar y cuando estés sentado o esperando en una cola. Hazlo con la mente abierta y libérate de la presión por lograr un determinado resultado. Con el tiempo y con la práctica, la bondad amorosa se convertirá en un hábito de tu vida diaria.

35

No la alimentes

Todo lo que has aprendido y practicado hasta ahora ha tenido que ver con prepararte para *vivir* tu vida cuando esta se complica y, sobre todo, cuando en ella surgen, y reinan, la ansiedad y el miedo. Eso es porque tú ahora eres diferente. Estás equipado con una nueva perspectiva que te ayudará a crear el tipo de vida que deseas vivir, con o sin ansiedad. Pero eso no quiere decir que no vayas a ver atraído por las antiguas formas de reaccionar. El truco está en aprender a no alimentar la ansiedad y el miedo cuando aparezcan, porque es más que probable que en algún momento lo harán.

Piensa en tus ansiedades como si fueran una cachorrilla de tigre hambrienta, un animalito doméstico que vive contigo en casa. Es una preciosidad, pero también da un poco de miedo. Así que, para asegurarte de que esté contenta, le das muchísima carne para comer. Y sigues dándole más y más, porque quieres que tu cría tigresa esté feliz. Sin embargo, en lo más profundo de ti, estás un poco aterrado. Tienes miedo de que te muerda o, aún peor, de que te vea a ti como su cena.

Cada vez que alimentas al pequeño tigre, se tranquiliza y te deja en paz durante un rato. Pero con el tiempo va creciendo más y más. Crece, crece y crece sin parar. Ahora ya no es tan preciosa. Ruge muy alto, es difícil tenerla controlada y siempre tiene hambre. Lo cierto es que cada vez te aterra más.

Pero sigues alimentándola. Y mientras come, te deja en paz. Mas sigue creciendo. Una y otra vez, se repite la historia. Solo deseas que llegue el día en que se vaya y te deje solo de una vez.

Pero el tigre no se va. Al contrario, sus rugidos cada vez son más fuertes, cada vez da más miedo, cada vez tiene más hambre. Y entonces, un día vas al frigorífico, abres la puerta y observas que está vacío. Ya no hay nada más para alimentar al tigre, no queda absolutamente nada, excepto *tú*.

La enseñanza aquí es, pues, sencilla. Cuando estés cara a cara con el tigre de la ansiedad, no lo alimentes. Deja de hacer lo que hasta ahora has hecho siempre. Y, en vez de ello, haz algo radicalmente distinto a lo que has venido haciendo. Eso es. Así de simple.

No obstante, también sabemos que simple no significa fácil. Puede que incluso estés pensando: «Vale, todo muy bien y muy buena idea, pero ¿cómo lo hago?». Aquí van algunos consejos que te ayudarán a domar a tu tigre de la ansiedad y el miedo para que no te coma.

CÓMO DOMAR AL TIGRE DE LA ANSIEDAD

1. Escoge a qué quieres prestar atención y qué quieres hacer. Todo lo demás depende de esto. Puedes decidir escuchar lo que el tigre de la ansiedad te dice y hacer todo lo que te ordena. O puedes escoger ver toda la actividad desde la perspectiva del observador, sin creer en ello ni dejarte convencer, y actuar con tu boca, tus manos, tus pies, y guiado por tus valores. Recuerda, la ansiedad es parte de ti, pero en ti y en tu vida hay mucho más aparte de ella.

2. Admite lo que, quieras o no, está sucediendo. *La ansiedad ocurre, es parte de la vida*. Se presenta. Recuerda que no es algo que puedas elegir. Pero sí puedes escoger cómo responder ante ella. Puedes optar por alimentarla o por sentir curiosidad por ella, abrirte a ella y dejarla estar. Al igual que las olas del océano, pasará.

3. Haz lo contrario de lo que la ansiedad te pide que hagas. Cuando el tigre de la ansiedad te inste a quedarte parado, sentado de brazos cruzados, levántate. Cuando te diga que te des media vuelta, siente curiosidad y acércate. Cuando te sientas empujado a quedarte petrificado, muévete. Cuando sientas que estás perdiendo el contacto con la realidad o te veas perdido en el pasado o en el futuro, respira profundamente y trae tu conciencia al momento presente, adonde estás

ahora mismo. Cuando te sientas agitado, permítete a ti mismo permanecer tranquilo y conservar tu energía dentro. Como ya aprendiste antes, el hacer lo contrario de lo que tu ansiedad y tus miedos te empujan a hacer es una poderosísima manera de recobrar el control de tu vida.

4. Sé amable y bueno contigo mismo. Por encima de todo, practica la gentileza contigo mismo. No es momento de iniciar otro tira y afloja con tu ansiedad. En cierta manera, la amabilidad y la dulzura son lo opuesto a la guerra. Por eso son tan poderosas. Pero no las utilices como una estrategia inteligente para hacer desaparecer tu ansiedad. Si lo haces, muy probablemente volverás a estar donde empezaste y te verás inmerso en otra guerra, solo que ahora contarás con nuevas armas. Los ejercicios de bondad que estás aprendiendo en este libro te ayudarán a forjar una nueva relación con tu mente, con tu cuerpo y con tu experiencia.

Sabemos que te va a resultar difícil dejar a un lado aquello a lo que estabas acostumbrado y adoptar un nuevo enfoque. Pero te diremos algo: eres el maestro y el creador de tu vida. El tigre de la ansiedad no tiene ningún poder a menos que lo alimentes y seas tú el que le des ese poder. Ahora es cuando puedes tomar el control y lograr la verdadera diferencia en tu vida.

36

Surfea las emociones

Cuando las olas se aproximan a una bandada de pájaros que flotan sobre el agua, te darás cuenta de que las aves no huyen. Cabecean arriba y abajo en el agua, suben la pendiente de la ola, alcanzan la cresta y vuelven a bajar. Tú puedes aprender a hacer lo mismo con tus ansiedades.

Todas las emociones son como olas. Y como ellas, son limitadas en el tiempo. Fluyen y refluyen como las olas. Crecen, al final llegan a su punto más alto, y luego vuelven a desaparecer. La ansiedad y el miedo van y vienen de manera similar. No duran para siempre, ni siquiera cuando nos parece que no se van a marchar nunca.

Siempre que experimentas emociones fuertes, las olas son altas y aterradoras. En ese momento puede darte la sensación de que se van a quedar para siempre y van a hundirte, puedes incluso pensar que te vas a ahogar. Pero no, es la vieja ansiedad la que te habla. Tú decide no escucharla y sigue navegando.

Como los pájaros que se posan sobre el agua, simplemente sigue, continúa, y no hagas nada. Por imposible que te parezca, puedes escoger quedarte y hacer justo lo contrario de lo que tu ansiedad te pide que hagas. Sabemos bien lo difícil que puede parecerte si no lo has experimentado nunca antes.

Por ello, te animamos a realizar el siguiente ejercicio para que te sientas preparado cuando lleguen esos desafiantes momentos en que tengas que enfrentarte a las olas de la ansiedad. En tu mente y con tu imaginación, ahora mismo tienes la oportunidad de aprender a mantenerte en la ola de tu ansiedad y de tu miedo, de surfearla y ver qué pasa.

APRENDE A DEJARTE LLEVAR POR LAS OLAS

- Piensa en una situación reciente en la que te sintieras asustado, preso del pánico, nervioso, preocupado o deprimido. Visualiza la escena y recuerda cómo te sentías. Haz una pausa durante un momento.
- Continúa centrado en esa escena que te disgusta e imagina que es una ola del océano que se acerca a ti cerca de la orilla. Te parece inmensa y te da mucho miedo. Siente la preocupación, esos pensamientos desconcertantes, e incluso dibuja en tu mente las imágenes del desastre. Sigue pensando en esa escena desagradable y en los juicios que emites sobre ella, sobre ti y sobre lo que está sucediendo en tu interior.

- Ahora observa lo que tu cuerpo podría estar haciendo. Siente las sensaciones y cómo tu mente las evalúa. Etiqueta todas esas sensaciones sin más: «Estoy sintiendo ________». Siente el calor y la tensión en tu cuerpo. Y deja que tu mente y tu cuerpo hagan lo que tengan que hacer.
- Haz lo mismo con las preocupaciones, con el resto de pensamientos y con las imágenes que se te van apareciendo. La misma historia de siempre. Reconoce su presencia sin intentar controlarlos ni cambiarlos ni apartarlos. Etiquétalos y sigue observando tu mente y tu cuerpo.
- Toma conciencia del punto en que la ola de tu ansiedad deja de crecer. Ha alcanzado su pico más alto, ahora se vuelve débil y comienza a retroceder. Tú mismo sientes cómo la ola va perdiendo fuerza y empieza a retroceder. Experimenta ese descenso. Acepta el lugar de la ola en que te encuentres. No trates de huir de allí. La ola se mueve a su propio ritmo. Déjala que se vaya y que te lleve con ella. Al final sentirás cómo vas bajando desde la cresta de la ola, verás que la ansiedad empieza a serenarse.

La ansiedad y el miedo funcionan como una ola si tú no intentas ni controlarlos ni bloquearlos. Sin embargo, si te niegas a cabalgar la ola e intentas escapar de ella, te tirará y te llevará rodando como si fueras un balón de playa. Y entonces seguirá revolcándote bajo la superficie sin que nadie pueda ayudarte, a merced de la fuerza aplastante de la ola y de la resaca.

Mas si nadas con las olas y dejas que te lleven, si no vas contra ellas, al final te acabarán dejando a salvo en la orilla. Exactamente lo mismo pasará si tú dejas de luchar contra las olas de la ansiedad.

37

Cambia el enfoque, reconecta y redirige

Si en alguna ocasión has estado junto a un niño en mitad de una rabieta, sabrás bien el desasosiego que la situación produce. Con el calentón del momento, es fácil perder la concentración, la conexión contigo mismo y con quienes te rodean, e incluso el rumbo que quieres seguir. La ansiedad puede hacer también que te sientas así. Estás desesperado y lo único que quieres es que acabe cuanto antes.

Con la rabieta, es posible que sientas la necesidad de responder enfadado o con dureza. Pero esto, ya lo sabemos, lo único que hace es empeorar las cosas. De hecho, infinidad de estudios nos dicen que estas estrategias resultan inadecuadas para animar a los niños a tener comportamientos más adecuados. Los padres terminan sintiéndose mal, cansados y frustrados. Y lo peor de ello es que los niños crecen temiendo a sus padres y terminan siendo muy duros con ellos mismos y con los demás.

Hay otros padres y cuidadores que se inclinan más hacia otro enfoque más compasivo, aunque igualmente firme. Tratan de *cambiar el enfoque* y de ver a su hijo como parte de ellos, y no como un monstruo alienígena.

Dejan pasar entonces ese primer impulso que los llevaría a reaccionar con energía negativa y con un comportamiento castigador, y *reconectan* con cómo quieren ser y comportarse en esta situación. La mayoría de los padres quieren que sus hijos estén sanos y seguros, y que conozcan la amabilidad y el amor, por lo que hacen las cosas lo mejor que saben para responder de una manera que demuestre eso mismo.

Pero no permiten que sean los niños los que lleven la batuta. Son ellos los que *redirigen* el comportamiento y llevan a sus hijos por el camino por el que los padres quieren ir y que consideran que es el mejor para ellos.

Distintos estudios apoyan la idea de que aprender a cambiar el enfoque, a reconectar y a redirigir constituye una estrategia educativa muy efectiva para los padres, y que es también una manera muy poderosa de alcanzar la paz en medio de las dificultades. Puedes aprender a hacer lo mismo cuando tu ansiedad te asalte. El siguiente ejercicio te ayudará a conseguirlo.

DE VIAJE JUNTO A MI HIJA LA ANSIEDAD

Imagina que tu ansiedad es como un niño, imagina que es tu hija, y que está otra vez dando guerra y teniendo una rabieta. Piensa cómo respondes normalmente en esta situación. ¿Cuál es tu estrategia como padre? ¿Chillas, gritas e inicias una pelea? Si sueles hacerlo así, ¿te funciona? ¿O acabas sintiéndote peor, más frustrado y agotado por el pataleo constante? ¿Tu hija la ansiedad responde bien a tu estrategia o continúa portándose mal? Ahora veamos qué pasa cuando te cambias el enfoque, reconectas y rediriges.

Cambia el enfoque: coge mucho aire y vete soltándolo poco a poco. Ahora mira a esa niña, a tu hija, la ansiedad, y no olvides que es parte de ti y que no es tú. Mira a ver si puedes dejar de lado la energía negativa y fijarte en que tu hija te está mirando a ti, y solo a ti, y que está buscando tu protección y tu cuidado. Tú sabes qué es lo que es mejor para tu hija y también para ti.

Reconecta: tu hija la ansiedad puede estar sufriendo y necesitando tu calor. Conecta con cómo te gustaría ser y comportarte en esta situación. ¿Quieres acercarte a tu hija la ansiedad con una declaración de guerra en mano? ¿O puedes reconectarte con tu ansiedad y tu miedo desde un lugar de gentileza, compasión y amabilidad? Eso no quiere decir que te guste lo que está haciendo tu hija la ansiedad. Lo único que quiere decir es que tú puedes todavía seguir tratando a tu hija la ansiedad con cariño. Hazlo, también es bueno para ti.

Redirige: tu hija la ansiedad probablemente lo que te está pidiendo y quiere es que no te muevas o que evites una situación. Pero tú eres quien tiene el control. Es tu vida. Por ello, con firmeza y cariño, decides llevarte contigo a tu hija la ansiedad mientras haces algo que es importante para ti. La niña ansiedad puede que proteste, pero es tu vida.

Tú eres quien tiene el poder de elegir qué haces y adónde vas. Tu hija la ansiedad no tiene ese poder a menos que seas tú quien se lo dé.

Quizás es momento de cambiar el enfoque, reconectar, redirigir. Después de todo, tu hija ansiedad es parte de ti. Puedes ser firme y responder con cariño y amor. Así es como logras cultivar un hogar agradable dentro de ti para que no pierdas el rumbo cuando tu niña ansiedad se porte mal. La siguiente vez que vayas a hacer algo que te apetece, si tu niña la ansiedad decide aparecer de nuevo, dile: «Venga, vente conmigo».

38

Muévete con las barreras

Cuando te embarques en tu viaje, verás que la carretera está llena de barreras. Algunas serán externas, como la falta de dinero, una vida en constante competición que te exige tiempo y recursos, las oportunidades limitadas, las limitaciones físicas y geográficas o incluso un tiempo de mil demonios. Algunas barreras puedes derribarlas proponiendo varias opciones o hablando con un buen amigo para conocer su punto de vista y coger alguna idea nueva. Sin embargo, y con diferencia, las barreras más frecuentes y engañosas con que te toparás serán aquellas que tienen que ver con pensamientos acuciantes, la molesta ansiedad e ideas, sentimientos, sensaciones físicas o impulsos derivados del miedo, que ya te entorpecieron en el pasado.

Tu mente te dirá que cuando aparece una barrera debes librarte de ella, superarla. El problema de esa estrategia es que despierta tu tendencia natural a la lucha. Ahora ya sabes que luchar contra la ansiedad y el miedo no funciona bien. Así que, cuando en tu camino se interponga una barrera, debes escuchar a tu experiencia y confiar en ella. ¡No te dejes llevar por tu mente!

Lo bueno es que, para vivir la vida que quieres y realizar tus valores, no tienes que librarte de las barreras de la ansiedad con que puedas encontrarte por el camino. Tampoco tienes que empujarlas a un lado. No hay forma sana alguna de hacerlo. La clave está en avanzar *con* las barreras, en cargar con ellas durante todo el viaje. Este, y solo este, es el camino para vivir sin miedo.

Puedes lidiar con el obstáculo de la ansiedad al igual que lo haces con otros pensamientos y sentimientos: has de dejar sitio para todas esas cosas que no quieres y que te han impedido hacer lo que realmente es mejor para ti. Reconoce cuáles son esas cosas y míralas desde la perspectiva del observador. Sobre todo, déjalas estar, no intervengas, y sigue avanzando hacia donde quieres ir, todo al mismo tiempo. El siguiente ejercicio de imágenes te ayudará a tomar contacto con lo que te decimos:

¿QUIÉN CONDUCE EL AUTOBÚS DE TU VIDA?

Piensa en ti mismo como si fueras el conductor de un autobús llamado «Mi Vida». Imagina que vas dirección norte hacia tu Montaña de Valores, ________________ [introduce aquí uno de tus valores importantes].

A lo largo del camino irás recogiendo a algunos pasajeros rebeldes, como pueden ser pensamientos que te transmiten miedo o distintas imágenes que tu mente crea. Otros pasajeros podrían aparecer en forma de tensión y de sentimientos de aprehensión y pánico. Estos pasajeros gritan, son pesados y dan miedo. Tratan de meterse contigo mientras tú sigues tu camino. Gritan: «No vayas por allí. Es peligroso. Vas a hacer el ridículo. Jamás serás feliz. PARAAAAAAAAAAAAAAAAAAA».

Intentas inventar argumentos y estrategias para acallarlos. Distraído, te das cuenta de que no has visto una señal y has girado por el lugar equivocado. Ahora estás a una hora de tu ruta. Te estás dirigiendo hacia el sur. Y te sientes, literalmente, perdido. Así que detienes el autobús y te ocupas de poner orden entre tus pasajeros. En esta ocasión te giras, te encaras con ellos y les dejas las cosas claras: «¿Por qué no me dejáis en paz? Estoy harto de vosotros. Concededme al menos unos minutos de tranquilidad».

Y fíjate aquí en lo ha sucedido. Has parado el autobús, has apartado las manos del volante, te has girado y te has quedado contemplando la parte de atrás del autobús en lugar de la carretera que tienes por delante y el destino al que realmente quieres ir. No te estás moviendo. Simplemente estás ahí prestando atención a cosas que no tienen nada que ver con tus valores.

Y aquí estás ante otra elección. Puedes quedarte enredado en argumentos, discusiones y estrategias para calmar a los pasajeros, o puedes dejarlos a lo suyo, volver al asiento del conductor, arrancar el motor, agarrar el volante y ponerte en marcha de nuevo hacia la carretera que te lleva a tu Montaña de Valores.

Si para ti es importante avanzar hacia lo que te importa, entonces has de permanecer siempre en el asiento del conductor del Autobús de tu Vida. Los pasajeros desagradables seguirán en el autobús contigo. No puedes echarlos. Y mientras conduces tu Autobús de tu Vida hacia tu Montaña de Valores, de vez en cuando los pasajeros se acercarán sigilosamente hacia delante y te gritarán: «¡Préstanos atención! ¡Gírate! ¡Vuelve atrás! ¡Coge este desvío, es más seguro, más fácil y te hará sentirte mejor!».

Y de nuevo tendrás que elegir. ¿Qué vas a hacer? Pararte no te llevará a la montaña, y tampoco lo hará tomar el desvío. Solo tú puedes llevarte a ti mismo adonde quieres ir, y no te queda otra más que llevarte contigo a todos los pasajeros. Los pensamientos y los sentimientos no pueden impedir que sigas hacia donde quieres ir. A menos que tú les otorgues ese poder, claro.

Los pasajeros del Autobús de tu Vida no son todos lúgubres y amenazadores. De hecho, si los escuchas de cerca, distinguirás las voces de otros pasajeros que intentan desesperadamente ser escuchados. Esas son las voces de tus valores. Han permanecido acalladas e ignoradas hasta ahora, mas, si tú sigues en el asiento del conductor y escuchas, las oirás. Y te recordarán el enorme bien que haces a tu vida cuando te mantienes al volante y llevas el autobús hacia lo que para ti es importante.

Tus pasajeros ansiosos y asustados tratarán de apoderarse del volante siempre que puedan para apartarte del camino. Harán todo lo posible por convencerte de que ya no te apetece más seguir adelante, de que ya es demasiado, de que es excesivamente difícil, de que no merece la pena. Incluso en esos momentos podrás elegir seguir adelante hasta llegar a lo que para ti importa. No puedes elegir los sentimientos, los pensamientos o los miedos que te acompañarán a lo largo del camino. Pero sí podrás controlar el rumbo que toma el Autobús de tu Vida. Tus manos controlan el volante y tus pies el acelerador y los frenos. ¡No lo olvides!

39

Líbrate de los «peros»

En algún momento de tu vida seguro que has dicho algo como: «Me encantaría salir, *pero* me da miedo sufrir un ataque de pánico, avergonzarme de mí mismo o tener un ataque de ansiedad». ¡Zas! Acabas de caer en la trampa del «sí, pero...».

Siempre que pones un «pero» después de la primera parte de una oración, te desdices y niegas lo que acabas de decir. Ese es el significado literal de la palabra «pero». Esta palabra común pone a menudo como barrera tus ansiedades y tus miedos, los sitúa como problemas que uno ha de resolver antes de actuar. Veamos con un ejemplo cómo funciona.

Cuando dices: «Me gustaría salir, *pero* me da miedo sufrir un ataque de pánico», estás haciendo que desaparezca tu interés por salir y no sales. Te quedas en casa, porque ese «pero» niega el «me gustaría salir».

«Pero» también te predispone para la lucha. O desaparece el deseo de salir o tiene que hacerlo el miedo a sufrir un ataque de pánico. Por eso es por lo que, cuando usamos «peros» a menudo, acabamos atascados, literalmente clavados, sin poder dar un paso. «Pero» hace imposible salir o hacer casi cualquier cosa.

Si estás muy atento, te darás cuenta de que, a lo largo del día, utilizas muchísimas veces la palabra «pero» como razón para no actuar de acuerdo con lo que te piden tus valores. Esto restringe tu vida de manera innecesaria, te echa atrás, reduce tus opciones.

El siguiente ejercicio te ayudará a detectar las trampas del «sí, pero...».

LA TRAMPA DEL «SÍ, PERO...»

Reflexiona durante un momento sobre esas veces en las que te descubriste a ti mismo pensando en algo que realmente querías hacer y entonces, con la siguiente respiración, continuaste con un «pero». Por ejemplo, «Me muero de ganas de ir a la fiesta, pero podría estar fuera de sitio y hacer algo estúpido». Mira a ver si eres capaz de encontrar al menos tres situaciones similares, en las que expresaste algo que querías hacer, pero automáticamente después continuaste con un «pero [introduce aquí lo que se te suela venir a la cabeza]». Anótalas.

Ahora tacha el «pero» de cada oración y sustitúyelo por la palabra «y». Lee de nuevo lo que has escrito. Léelo despacio. ¿Percibes alguna diferencia ahora con «y» en vez de «pero»? Sí deberías sentir algo distinto.

Este pequeño cambio puede tener un impacto enorme en lo que venga después. Podrías ir a la fiesta y estar todo el rato incómodo porque tu mente no deja de decirte que vas a hacer algo estúpido. El utilizar el «y» en lugar del «pero» te permite hacer algo importante *y* sentirte ansioso. Te da más capacidad de elección y más libertad. Y supone también una expresión más honesta de lo que realmente te está sucediendo en este momento.

Empieza hoy mismo. Cada vez que un «pero» esté a punto de dejarte atascado, practica a decir «y» en lugar de «pero». Mientras lo haces, toma conciencia de las nuevas oportunidades que se abren ante ti. Liberarte de tus «peros» podría ser una de las cosas más estimulantes y empoderadoras que hayas hecho nunca.

40

Desengánchate del pasado

Resulta muy sencillo engancharse al pasado. Todo el mundo va recogiendo momentos de dolor que caen como pequeñas gotas de lluvia en un cubo. Cuando observas el cubo de tu vida, posiblemente haya cosas de las que te gustaría desprenderte, al igual que atesorarás grandes momentos muy agradables a los que te aferras y que querrás mantener siempre contigo.

Quizás entre lo que tienes recogido en tu cubo se encuentran cosas como ser veterano de guerra; haber sufrido un accidente, una violación, un abuso; acciones de las que te arrepientes, oportunidades perdidas o decisiones que desearías no haber tomado. Puede que aún conserves ahí una infancia complicada, o la ira y el resentimiento por cómo tus padres y tus amigos te trataron. Pueden también persistir maravillosas experiencias pasadas, y podrías experimentar el dolor de la pérdida y la tristeza al ver que ahora ya no forman parte de tu vida. En ese cubo está todo mezclado.

Esas experiencias podrían haberte dejado una profunda marca entonces y seguir haciéndolo ahora. Cada vez que recuerdas, regresas al daño, al enfado, a la pérdida, y podrías caer en un aplastante sentimiento de culpa o pena.

No tiene absolutamente nada malo el recordar los momentos buenos, malos y feos que has vivido a lo largo de los años. Si no fueras capaz de ello, no podrías crecer y aprender. Y tampoco pasa nada si hay partes de tu pasado que no te gusta recordar. Todo el mundo ha tenido experiencias que quisiera olvidar. Algunos han pasado por cosas peores que otros. Pero, aun así, todo el mundo tiene algo.

No obstante, engancharse al pasado y quedarse en él es una trampa. En el siguiente ejercicio veremos por qué.

ATASCADO REMOVIENDO UN CUBO LLENO DE EXCREMENTOS

Imagina que estás sentado junto a un enorme cubo que contiene todo tu pasado. Intentas resistirte a quitar la tapa, pero, por algún motivo, la tapa se abre sola. Lleno de curiosidad, miras dentro del cubo y te das cuenta de que está lleno de excrementos y huele fatal. Así que coges una enorme cuchara de madera y empiezas a mover, con la esperanza de que todo eso de alguna manera se deshaga y empiece a oler menos.

De alguna manera, el quedarte anclado al pasado es como estar sentado ante un cubo lleno de excrementos que no dejas de mover, los mueves y los mueves, una y otra vez, mientras tu mente te dice: «No puedes seguir adelante por el dolor que atravesaste». O «No te mereces seguir adelante». Incluso tu mente podría llegar a decirte: «Si lo remueves durante todo el tiempo que haga falta, lo averiguarás, y todo ello desaparecerá solo». Así que sigues removiendo, vuelves atrás, reabres tus viejas heridas, revives aquello de lo que te arrepientes y tus experiencias más dolorosas.

Quizás de verdad piensas que, si lo remueves durante mucho tiempo, algo cambiará. Sin embargo, a decir verdad, por mucho y mucho que remuevas, nada convertirá los excrementos en un dulce helado.

Y aquí hemos de darnos cuenta de algo más. Todo este recordar, revivir y remover está sucediendo ahora mismo, en el presente. No existe la máquina del tiempo. El tiempo solo corre hacia adelante, y nosotros hemos de seguir avanzando también.

Lo que aquí hace falta es que tú reconozcas el pasado como pasado, que te liberes de la cuchara, que dejes ir todas las historias que ya no valen para nada y con las que tu mente te hostiga. Solo entonces serás capaz de centrarte en dónde estás ahora mismo, en qué quieres hacer ahora mismo, y en hacia dónde quieres avanzar en tu vida también ahora mismo.

Desde el presente, puedes aprender a detectar el recordar por lo que es (tu mente pensando) y después enfrentarte a esa experiencia con una suave curiosidad y con bondad. Solo así consigues liberarte de la adhesión de tu mente al pasado, y a todas sus trampas y engañifas.

No se trata de olvidar o pasar por alto los errores o desafíos que soportaste. En lugar de ello, tú decides aprender de ellos, abrirte a ellos, honrarlos y avanzar con ellos hacia adelante de maneras que dignifiquen tu vida ahora, en este momento.

Así que, si estás dispuesto, toma la decisión de dejar de remover. A continuación, con la mente y las manos libres, escoge en qué te gustaría invertir tu tiempo de ahora en adelante.

41

Vive en el ahora

Cuando un recuerdo doloroso o traumático aparece en tu conciencia, es fácil que al instante te aparte del presente. Si eso sucede, lo primero que tienes que hacer es detenerte, respirar hondo unas cuantas veces y darte cuenta de lo que está aconteciendo. Estás recordando, que no es sino otra forma de pensar. Y date cuenta de que lo estás haciendo ahora, desde el seguro refugio que te ofrece el presente.

Sabemos que al principio puede parecer difícil. Si tiendes a perderte en medio de un torbellino de pensamientos sobre tu pasado o si el enfrentarte a una situación traumática que hayas soportado parece sacarte del presente o incluso de tu cuerpo (como si estuvieras en otro lugar), entonces sabes bien cómo se siente uno cuando pierde el sentido de la realidad. Es como si de pronto te quitaran la alfombra sobre la que pisas. Puede ser una sensación terrorífica, puede dificultarte el estar donde estás y el hacer lo que te importa.

Te ofrecemos ahora un ejercicio que te ayudará a pisar tierra estés donde estés y a recobrar el sentido de la realidad cuando hayas sido hostigado por los fantasmas del pasado. Solo necesitas cinco minutos. Lee el ejercicio unas cuantas veces y practícalo.

UTILIZA TUS CINCO SENTIDOS

Cuando sientas que estás perdiendo el contacto con la realidad, puedes utilizar cualquiera de tus cinco sentidos (gusto, olfato, tacto, vista y oído) para volver a pisar tierra en el presente una vez más. Para lograr el máximo beneficio, lo mejor es que impliques lo más intensa y completamente posible a todos tus sentidos mientras realizas este ejercicio para volver a la realidad estés donde estés.

Implica a cada uno de tus sentidos lo más que puedas.

- Saborea algo fuerte, como un limón o un café bien cargado.
- Huele algo punzante, como una colonia, hierbas frescas, jabón o el pelo de tu mascota.
- Toca objetos cuyas texturas, formas o peso sean únicos.
- Mira algo brillante, fuerte o inusual, como una imagen o algo que se encuentre en tu campo de visión.
- Escucha, céntrate en los sonidos que más destacan de tu entorno.

Esta gran implicación de tus sentidos te trae de vuelta al presente. Solo sé plenamente consciente de por qué estás haciendo esto. Es sencillo utilizar tus sentidos como una forma inteligente de huir de los recuerdos dolorosos, pero lo cierto es que eso solo otorga fuerza a tus recuerdos y les da más poder para conducir tu vida por fuera del camino deseado. Por ello, implica a tus sentidos teniendo tu vida en mente, como una forma de volver al *ahora*, para que puedas actuar sobre tu vida y tus valores ahora mismo.

Mientras practicas estas estrategias para volver a la realidad, mira a ver cuál es la que mejor funciona para ti. Mientras lo haces, recuérdate a ti mismo que estás aquí en el ahora (presente, alerta y vivo).

Practica este ejercicio, con los ojos cerrados o abiertos, todas las veces que quieras y estés donde estés. Mantenerte en el ahora te ayudará a permanecer presente y te dará las destrezas que necesitas para recuperar tu lugar cuando te halles a ti mismo de vuelta al pasado empujado por un recuerdo complejo. Este tomar tierra es una manera muy útil de hacerte presente en tu vida y vivir tus valores justo donde estás.

42

Libérate de los apegos

El dolor constituye una parte natural y normal de vivir bien. Cuando te cierras al dolor, te cierras también a la vida. Y cuando te abres a la vida, debes abrirte también al dolor en todas sus formas. Así es como funciona. Para tenerlo todo, has de estar dispuesto a tenerlo *todo*, y aquí se incluye lo bueno, lo neutro, lo desagradable y en ocasiones lo feo.

Puedes aprender una manera poderosa de abrirte a la dificultad: simplemente deja tanto de evitar el dolor como de perseguir el placer. Acoge la incomodidad que a veces sientes quieras o no, y regala, deja salir, lo que es bueno y alegre. Inhala el malestar y recíbelo, y después espira aquello que tan desesperadamente quieres y piensas que te aliviará.

Si te liberas de las palabras –relajas tu apego a la historia subyacente– y simplemente sientes el malestar y aguantas con él sin enredarte en él, compartirás lo que todos compartimos. Eso es precisamente lo que significa la compasión. El experimentar esta sensación de humanidad compartida tiene un enorme poder sanador. Es el camino para salir de la tristeza y adentrarnos en la vitalidad.

Tomar el dolor y expulsar el alivio constituye la base de una antigua forma de meditación denominada *tonglen* (que significa «dar y recibir»). Al acoger el dolor y regalar lo bueno, podrías pensar que estás haciendo las cosas al revés. Pero precisamente por eso esta práctica resulta tan poderosa.

Cuando aceptas lo que no te gusta, lo transformas. Ese sencillo acto implica que reconoces que compartes lo que todos compartimos, la tan real y humana capacidad de sentir dolor. Cuando das a los demás lo que tan desesperadamente buscas para ti, adquieres poder. Y esa transformación te liberará de tu apego al «sentirte mejor» y de tu resistencia al miedo y a otras emociones desagradables. Por encima de todo, eso alimentará tu capacidad para el amor y la compasión. Con el siguiente ejercicio aprenderás a desarrollar estas importantes destrezas.

ACOGE LO «MALO» Y SUELTA LO «BUENO»

Empieza poniéndote cómodo en un sitio en el que puedas estar tranquilo durante cinco o diez minutos. Siéntate con la espalda recta y apoya los pies en el suelo. No cruces los brazos ni las piernas, y deja que tus manos descansen sobre tu regazo.

Ahora cierra los ojos y dirige tranquilamente tu atención al ritmo natural de tu respiración en el pecho y en la barriga. Tras unos minutos, trae a tu mente algo que te duela o te hiera, quizás una situación reciente o un momento en el que te sintieras con muchísima ansiedad. Después, con tu siguiente inhalación, visualiza el coger toda esa negatividad y ese doloroso malestar. Mientras llenas tus pulmones del malestar, sé consciente de que lo que estás sintiendo en este mismo momento lo están sintiendo también millones de personas en todo el mundo. No estás solo. Infinidad de personas llevan sintiendo esta ansiedad desde el principio de los tiempos.

Tu intención aquí, para contigo y para con los demás, es que tanto tú como ellos os liberéis del sufrimiento, la lucha, la culpa y toda vergüenza relacionada con el dolor que tú y ellos estáis experimentando. Con esa intención en mente, con cada exhalación, deja salir el alivio, la felicidad y la buena voluntad. Hazlo despacio y poco a poco con el ritmo natural de tu respiración. Continúa entrando en conexión con tu dolor mientras coges aire y, cada vez que lo sueltas, extiende tu buena voluntad y tus buenos deseos para con los demás, de manera que los otros encuentren también alivio para el sufrimiento que les ha tocado cuando les llegue el momento de experimentar el dolor y el malestar.

Si, cuando respiras, te resulta muy duro u opresivo dejar entrar toda esa ansiedad, imagínate que lo estás haciendo en un espacio inmenso. De hecho, tu corazón es ese espacio inmenso y tú tienes el poder de hacerlo aún más grande. Imagina que respiras en tu corazón, que lo haces más y más grande con cada inhalación hasta que haya en él espacio para todas las preocupaciones, las ansiedades y los problemas. Con cada exhalación abrimos todo nuestro ser, así que ya no tenemos que empujar a nuestra ansiedad o nuestro miedo para echarlos fuera, estamos abriendo nuestro corazón a todo lo que pueda venir.

Si te das cuenta de que tu mente está vagando o si te sientes distraído, simplemente toma conciencia de ello con ternura y regresa a tu intención de dejar entrar y aceptar tu dolor y tus heridas, y liberar buena voluntad la bondad. Sigue con esta práctica de dar y recibir durante todo el tiempo que quieras.

Después, una vez que estés listo, vete poco a poco ampliando tu atención y abriendo bien los ojos con la intención de dar y recibir a lo largo de todo el día.

Cuando tú mismo te sientas ansioso y te descubras queriendo escapar de tu propia piel, puedes practicar en el mismo sitio el *tonglen*, pensando en todas las personas que están ahí fuera y que, como tú, están inmersas en la lucha tratando de apartar su malestar cuando este aparece. En ese momento, estés donde estés, inspira, reconoce el malestar, y deja salir una enorme sensación de paz y calma para contigo mismo y para el resto de personas que estén atravesando la misma experiencia. En cada instante en que te muestres dispuesto a permanecer con la molesta ansiedad, estarás aprendiendo más y más a no temerla.

43

Observa como pasan

Los psicólogos calculan que los seres humanos tenemos entre sesenta mil y ochenta mil pensamientos cada día. Sin embargo, solo prestamos atención a muy pocos. Aquellos a los que prestamos atención tienden a permanecer siempre por ahí y pueden limitar innecesariamente nuestra vida. De ahí que debamos aprender a dejar a nuestros pensamientos tanto venir como irse, porque, si los dejamos, eso es lo que harán.

Esta práctica es importante cuando te sorprendes a ti mismo prestando atención a pensamientos que son propios de la ansiedad, en ocasiones se trata incluso de impulsos. Cuanta más atención prestes a estos pensamientos, más se quedan a tu alrededor, más incrementan tu ansiedad y tu sensación de no poder avanzar. Así que este ejercicio consiste en aprender a dejar a los pensamientos y a los impulsos que tienen que ver con la ansiedad llegar e irse, sin enmarañarnos con ellos y sin actuar como ellos quieren. Esto te ayudará a crear un espacio entre tu mente crítica y tu experiencia.

Con el ejercicio que sigue aprenderás a observar cómo tus pensamientos y tus impulsos van y vienen, y a no hacer aquello que tratan de obligarte a hacer. Te darás cuenta de que los pensamientos realmente vienen y se van por sí solos, ¡si les dejas! Lo único que has de hacer es observar y esperar.

LAS HOJAS EN EL ARROYO

- Céntrate en tu respiración como ya has venido haciendo antes. Sin hacer nada más, percibe el subir y el bajar de tu respiración en tu pecho y en tu barriga. No tienes que controlar tu respiración, déjala que fluya sola. Cierra suavemente los ojos.
- Pasados unos minutos, imagina que es un cálido día otoñal y que estás sentado junto a un pequeño arroyo. Al fijarte en el arroyo, ves grandes hojas de todos los colores, formas y tamaños. Se mueven a la deriva por el agua, cada una a su ritmo, van una a una, se desplazan con la corriente, la cual avanza muy despacio. Permítete a ti mismo permanecer allí un pequeño lapso de tiempo, observando, solo observando.
- Cuando estés listo, ocúpate de lo que está sucediendo en tu interior. Al hacerlo, percibe y ponle nombre a cada experiencia que se vaya presentando: pensamientos, sentimientos, sensaciones, deseos e impulsos. Puede que uno de esos pensamientos sea: «Yo no tengo tiempo para esto».
- Después, y una a una, vete situando cada parte de tu experiencia en una hoja grande que esté pasando en ese momento. Observa mientras la

hoja se acerca cada vez más y más a ti. Y mira cómo lentamente se aleja, se marcha a la deriva como si se llevara consigo corriente abajo todo lo que está en tu mente. Vuelve a fijar la vista en el arroyo, quédate esperando a la siguiente hoja que pase flotando. Continúa poniendo cada pensamiento, sentimiento, recuerdo o impulso en su propia hoja grande. Observa cada una de ellas mientras las dejas flotar y desaparecer siguiendo el curso del arroyo.

- Cuando te sientas preparado, amplía tu atención para captar los sonidos que te rodean. Abre bien los ojos y proponte incluir el permiso y la autoaceptación en el resto de tu día.

Practica este ejercicio de *Las hojas en el arroyo* tan a menudo como puedas a lo largo de un par de semanas. A medida que lo vayas haciendo mejor, podrás empezar a practicarlo con los ojos abiertos, durante experiencias que tengan lugar en tu vida real. Puedes también mezclar un poco las cosas adoptando la perspectiva del arroyo, al igual que ya hiciste con la perspectiva del tablero de ajedrez en el ejercicio titulado *¿Jugamos o vemos el juego?* del capítulo 26. Al convertirte en el arroyo, podrás sostener cada una de las hojas y captar el pensamiento, el sentimiento, la sensación, el deseo o el impulso que cada una lleva con ella. Déjalas pasar ante ti y hacer lo que quieran hasta que dejen de estar a la vista. Y date cuenta de todo lo que estás aprendiendo para convertirte en un observador de tu experiencia.

44

Cuídate bien

Muchos de nosotros tenemos viejas heridas como consecuencia de pérdidas en el pasado, tratos injustos por parte de los demás y, en algunos casos, abusos devastadores. Cuando surgen sentimientos, imágenes y recuerdos dolorosos, nuestra primera respuesta instintiva es tratar de echarlos a un lado. Si te descubres a ti mismo haciendo eso, por favor, detente. Tienes ante ti una oportunidad de oro para abrazar tu viejo dolor con compasión y aceptación.

¿Por qué deberíamos actuar así? La gente que ha sido herida continúa infligiéndose a sí misma dolor e infligiéndoselo a los demás porque no ha dejado sanar sus heridas. Si no cuidas tus heridas, pasarás tu dolor a tus hijos, a tu pareja, a tus amigos, a tus compañeros de trabajo y al resto de gente que ocupe un lugar en tu vida. El dolor se puede reciclar muchas veces.

Para escapar de este patrón, tienes que aprender a cuidarte bien. Hazlo igual que lo harías si te encontraras mareado, físicamente dolorido o lesionado. En esos casos, posiblemente dejarías de hacer lo que estuvieras haciendo y prestarías algún tipo de atención cuidadosa a la herida. Pues exactamente lo mismo puedes hacer con las heridas de tu ansiedad.

El abrazar tu ansiedad con compasión será el bálsamo que te ayude a sanar las viejas heridas que te acompañan. La compasión nos enseña a cuidar de nuestra mente y de nuestras emociones de la misma forma que hacemos con nuestro cuerpo físico, con bondad. En eso se traduce el acoger la ansiedad con compasión. Aprenderás a dejar de ser tan duro contigo mismo.

Continúa con el bonito ejercicio que sigue y que te ayuda a practicar la autocompasión para cuidar de tus ansiedades y de tus miedos, o de cualquier otro tipo de malestar emocional.

MANOS SANADORAS

Echa la vista atrás y recuerda cuando eras niño y en alguna ocasión estuviste realmente enfermo con fiebre muy alta, gripe o síntomas de resfriado. Percibe lo mal que te sentías entonces. Algún adulto presente en tu vida posiblemente te dio alguna medicación que te ayudó a mejorar un poco. Pero nada te mejoraba tanto como el tener allí a tu mamá o a alguien que cuidara de ti. Piensa cómo te sentías cuando esta persona especial estaba a tu lado y te ponía la mano en la frente. Te ayudaba a encontrarte mucho mejor.

Para ti entonces, esa mano era como la mano de un ser divino. La mano de esa persona, o su roce con tu piel, irradiaba frescura, amor y compasión, y esas cualidades sanadoras penetraban en tu cuerpo, en lo más profundo de tu ser. Y, durante un momento, conseguías sentirte mejor. La mano de esta persona especial de tu pasado sigue muy viva y presente en tu propia mano. Veamos cómo es para ti.

Ahora continúa y cierra los ojos. Piensa en esa persona especial que cuidó de ti en tu vida. E imagina la mano de esa persona sobre ti cuando eras pequeño y estabas enfermo. Ahora tócate la frente o el pecho con la mano, siente que todavía está presente en ti el cariño del roce amoroso de tu cuidador. Deja que la energía del adorable y tierno toque de esa persona especial se irradie a través de tu mano y penetre en ti. Deja que esa ternura sin igual se introduzca en toda la experiencia de tu ser.

Puedes hacer este ejercicio trayendo a tu mente a una persona que te hiciera sentir bien, amado, y cuidado. La bondad de la mano de esta persona que te cuidaba sigue viva en ti. Y tú puedes regalarte a ti mismo esa bondad, ahora y siempre, en todo momento y lugar.

Tú puedes cuidar de ti mismo, de tus ansiedades y de tus heridas tratándote con bondad amorosa. No tienes que esperar a que otros lo hagan por ti.

45

Reclama tu poder

La palabra «perdón» a menudo evoca una gran cantidad de malos entendidos y confusión. Sin embargo, en esencia no quiere decir nada más que dejar ir un pasado doloroso para que podamos sanarnos y seguir adelante. Eso es, únicamente eso. Y no perdonas para olvidar, condonar o ignorar errores pasados. Perdonas porque no perdonar prácticamente te garantiza que permanecerás atascado, que serás siempre la víctima, que querrás y esperarás una solución que podría no llegar nunca. El mantener abiertas las heridas del pasado, al final no hace sino dañarte a ti, ¡a ti y a nadie más! Por eso hay que ponerle fin.

Distintos estudios nos dicen que el estar dispuestos a perdonar mejora la salud, tanto la física como la emocional y la espiritual. Quienes adquieren esta importante destreza dicen padecer menos dolor, estrés, enfado, depresión y enfermedad. Y logran aumentar enormemente su energía, esperanza, optimismo, compasión, amor y bienestar.

Más allá de estos beneficios, el dejar ir te concede un espacio para que puedas avanzar en tu vida. Al dejar de ser prisionero de las injusticias de tu pasado, puedes trazarte un nuevo rumbo. De aquí en adelante, eres tú quien decide liberarse de las viejas historias y los antiguos apegos del pasado, y quien opta por dejar ir los sentimientos de vergüenza, enfado, lamento y dolor. Eres tú quien decide cómo deseas avanzar para crear la vida que quieres tener ahora mismo

PERDONA PARA VIVIR

Tómate un momento para reflexionar sobre una situación o un hecho del pasado que todavía hoy despierta en ti un sentimiento de enfado, dolor, resentimiento, amargura y que te hace seguir clamando justicia. Cuando estés listo, cierra los ojos y recrea ese momento en tu cabeza. ¿Qué pasó? ¿Quién lo hizo mal, tú o la otra persona? ¿Cómo te hirieron o heriste tú a los demás? ¿Qué es lo que no conseguiste entonces y deseas ahora? Piensa durante unos minutos en tu respuesta a todos estos interrogantes.

- Paso 1: concienciación. Sé consciente del dolor que aún sientes por un hecho del pasado. Permítete experimentarlo tal y como se presenta. ¿Dónde te duele ahora? Mira a ver si te puedes enfrentar a ese dolor directamente. ¿Qué se siente? ¿Cómo es? Fíjate en cómo tu mente relaciona tu dolor con la crítica, la culpa y las evaluaciones negativas.

- Paso 2: separación. Usa tu yo observador para separar el juicio del dolor que estás experimentando ahora mismo. Identifica el juicio como juicio, la culpa como culpa, el resentimiento como resentimiento, sin ningún compromiso. Solamente observa y construye un espacio entre lo que tu mente te dice y la experiencia sentida.
- Paso 3: testigo compasivo. Mira a ver si puedes echarte aún más atrás, como si estuvieras viendo este partido a través de una pantalla de cine gigante. Imagina que estás entre el público, que solo observas, métete en la piel de quien por primera vez ve el desarrollo de este drama. Mira a ver si puedes abrir tu corazón para convertirte en un testigo que siente una gran compasión para con los actores que aparecen en escena. Trata de ver quién causa el daño. Busca sobre quién recae. Mira a ver quién es el responsable del daño. Mira a la persona responsable del dolor sentido, entonces y ahora.
- Paso 4: libérate y sigue adelante. Ahora pregúntate amablemente esto a ti mismo. ¿Quién tiene el control sobre el resentimiento que sientes ahora? ¿Quién está sufriendo ahora mismo por seguir anclado en el recuerdo de la injusticia pasada? ¿Quién tiene el poder de liberarse y seguir adelante? La respuesta es que eres tú. Tú puedes dejar de desear y esperar una solución. Tú puedes ahorrarte la energía y el esfuerzo que dedicas a tratar de resolver, devolver el golpe

y vengarte, e invertirla en algo mejor para ti. Tú puedes poner bondad en tu experiencia enfrentándote al dolor directamente por lo que es. Poséelo, porque es tuyo, y después escoge dejarlo ir.

Si estás dispuesto a dejar ir tu resentimiento y tu rabia, hazlo. Y si te encuentras con problemas al hacerlo, piensa en quién está siendo herido cuando tú te aferras a ambos sentimientos. ¿Eres tú o es la persona que una vez te hizo mal? Imagina todo lo que harías con tu tiempo mental y tu energía si no estuvieras consumido por el resentimiento y la rabia contenida. ¿En qué pensarías entonces? ¿Qué sentirías? ¿Qué harías? Tómate un tiempo para reflexionar sobre ello.

No te olvides de que esta práctica es para ti, no para las personas o las circunstancias que en alguna ocasión te hirieron.

46

El don de la gratitud

Imagina que hubiera una única cualidad que se pudiera emplear para cultivar la paz interior y la verdadera felicidad. ¿Existe algo así? Pues sí, hay una cualidad así. Se llama gratitud.

La ciencia nos enseña que ser agradecidos por lo que tenemos tiene infinidad de beneficios. Mejora la salud. Las relaciones. El bienestar. Incluso el sueño. También mejora nuestras emociones, ya que nos permite ser más positivos y superar el estrés y las dificultades. Permite también un subidón de energía. Por ello, la gente que practica la gratitud de manera diaria termina siendo más feliz y más sana, y vive más tiempo que quienes solo se centran en lo que no tienen o en lo que les falta.

Tampoco esperemos cambios drásticos de la noche a la mañana. El cultivar la gratitud es una destreza y, como tal, requiere tiempo y práctica. Para cosechar todos los beneficios que trae consigo el ser agradecidos, debemos comprometernos a serlo cada día. Lo bueno es que tenemos todo lo que nos hace falta para empezar ahora mismo. De hecho, sabemos, por estudios que se han realizado, que dedicar cinco minutos cada día a escribir un diario de gratitud incrementa tu felicidad en torno a un 10 %. Según otra investigación publicada en la revista *Emotions*, este incremento en nuestro nivel de felicidad es el mismo que el que sentiríamos si nos doblaran el sueldo. Impresionante.

El siguiente ejercicio, consistente en llevar un diario, te ayudará a incorporar la gratitud en tu día a día.

DIARIO DE GRATITUD

Durante las próximas dos semanas, lleva un diario de gratitud. Antes de irte a la cama, tómate unos minutos para reflexionar sobre el día y después anota cinco cosas por las que te sientas agradecido. El registro físico es importante, por lo que no te limites a hacer el ejercicio mentalmente. Las cosas que enumeres pueden parecer relativamente triviales («El sándwich tan sabroso que tomé hoy para comer» o «Tener papel higiénico en el baño») o ser muy importantes («Mi hermana dio a luz a un bebé sano» o «Fui capaz de hacer algo importante para mí aun cuando sentía mucha ansiedad»).

El objetivo de este ejercicio es reconocer un acontecimiento, una experiencia, una persona o una cosa por la que puedas dar las gracias. Primero agradece y después disfruta las buenas emociones que la gratitud trae consigo. Considera las grandes cosas de tu vida como «regalos» y no des por sentado que están ahí porque sí. Algunas de las cosas por las que te darás cuenta que estas agradecido podrían sorprenderte mucho. Saboréalas. Durante dos semanas, dedica a este ejercicio entre diez y quince minutos cada día.

Únicamente deberás seguir tres pautas:

1. Sé específico. Es la clave para fomentar la gratitud. El escribir «Me siento agradecida porque mi pareja me trajo hoy una sopa cuando estaba enferma» es mejor que decir «Me siento agradecida por mi esposo».
2. No repitas, al menos durante dos semanas. Cada día debes buscar cosas nuevas por las que estar agradecido. Puede ser algo tan simple como estar agradecido por esa taza de café del desayuno, por el jabón con el que lavas o por disponer de un tiempo para meditar.
3. Haz una pausa y reflexiona. Antes de dar por terminado tu registro diario, detente y reflexiona sobre lo que acabas de escribir. Mira a ver si puedes conectar con tu corazón y con un sentimiento más profundo de aprecio por lo que tienes.

Por supuesto que puedes continuar con tu diario después de esas dos semanas si te apetece. Sin embargo, con el tiempo querrás practicar de manera consciente el aprecio y la gratitud en el momento preciso, dondequiera que te encuentres durante el día. Cuando lo hagas, sé muy específico al expresar aquello por lo que tienes que dar gracias en tu vida. Sumérgete en la dulzura que la gratitud trae consigo.

La razón última de llevar el diario es aumentar tu percepción consciente de aquello por lo que tienes que estar agradecido. Si empiezas a prestar atención a todos esos destellos de gratitud que tu corazón te señala, cada vez los irás percibiendo con más claridad.

La gratitud está también muy relacionada con la felicidad. Si experimentas la gratitud y además la expresas de vez en cuando, te sentirás más feliz. A mayor gratitud, mayor felicidad. Y no nos referimos a un «sentimiento» pasajero de felicidad, sino a una sensación de contento y alegría mucho más profunda y duradera. Así pues, si quieres experimentar una mayor y más genuina felicidad en tu vida, una forma efectiva de lograrlo es convertirte en una persona más agradecida por lo que tienes.

47

Bondad con bondad se paga

Cada vez que realizas una buena acción para los demás, te dispones tú mismo a recibir un impulso. Los estudios son claros en este punto. La gente que adquiere el hábito de realizar acciones buenas, ya sean estas grandes o pequeñas, es más feliz y más sana. Y no es que sea gente más feliz de entrada, lo cual explicaría su gran generosidad. Resulta que el simple hecho de realizar un acto de bondad es lo que nos hace sentir bien. Cuando damos, obtenemos una sensación de satisfacción y placer. Seguro que ya lo has escuchado alguna vez: «Si quieres ser feliz, haz felices a los demás». La bondad y la compasión no solo producen mayor felicidad, sino que retornan a nosotros para darnos un sentido más profundo de nuestra meta en la vida y de conexión con los demás.

La bondad tiene muchos otros beneficios. Cuando te sientes impotente, atrapado por la ansiedad y el miedo, el simple hecho de realizar algo bueno por los demás te hace sentirte lleno de poder. En momentos de debilidad, los actos de bondad son realmente actos de fuerza.

Pero no seas amable solo para recibir algo a cambio. No se trata de que te cuelguen medallas ni de que te alaben o te lluevan los agradecimientos por parte de los demás. Haz un acto bondadoso «solo porque sí», es decir, porque es bueno para ti o porque es algo que solo tú puedes hacer. Cuando repartes bondad esperando recibir algo a cambio, acabarás a menudo decepcionado.

Cuando practicas la bondad «solo porque sí», te liberas de las expectativas y te sumerges en la bondad de lo que tú y solo tú puedes hacer. Esto, a su vez, a menudo desencadena un efecto dominó. Cuando actúas con amabilidad hacia los otros, o hacia ti mismo, ese acto tiene repercusiones en el futuro: incrementa la probabilidad de que las demás personas actúen también con bondad.

Practicar la bondad hacia los otros, incluso para con ellos mismos, no es nada fácil para muchas personas. Es más, actuar con bondad al principio puede incluso resultar artificial o forzado. Pero no dejes que eso te detenga. El ejercicio que sigue te ayudará a incorporar esta práctica tan positiva para la vida en tu rutina diaria.

PRACTICA ACTOS DE BONDAD

Empieza fijándote el propósito de actuar con bondad contigo mismo y con los demás. No tienes que esperar a sentirte tranquilo y cariñoso para después decidir actuar con bondad. Puedes hacerlo independientemente de qué sientas y cómo te sientas. Aquí tienes algunas ideas de las que partir:

- Practica a decir «por favor», «gracias» y «de nada» más a menudo. Puedes abrirle a alguien la puerta, ofrecer una mano amiga, prestar ayuda, sonreír a un desconocido o dejar a otro conductor que se incorpore a tu carril mientras vas conduciendo. Dale un abrazo o un beso a un ser querido. Muestra comprensión, compasión y capacidad de perdón cuando te sientas herido y tengas el fuerte impulso de devolver el golpe.

- Busca momentos en los que puedas compartir lo que tienes (talentos, intereses, tiempo, recursos, una comida).
- Busca ocasiones en las que puedas prestar cuidados y otros momentos en los que puedas mostrar gratitud y ofrecer tu calor humano.

Busca instantes en los que ofrecer esperanza, amor y ayuda. Propóntelo y llévalo a cabo cuando lo que harías sería encerrarte, desconectar o explotar.

A base de práctica, los actos de bondad se vuelven automáticos y te dejan con una sensación cada vez más profunda de paz, amor y confianza. Independientemente del objetivo o del resultado, la bondad es importante ante todo para ti mismo. Aliméntala. Desarróllala. Conviértela en el centro de tu existencia y escoge vivir desde ella. Haz actos de bondad hacia otros y volverá a ti de infinidad de formas positivas distintas.

48

Toma las riendas

Cada uno de nosotros somos dueños de nuestro propio destino. Nadie más puede crear tu vida por ti. Por ello, tampoco ayudará en absoluto que culpes a los demás o a tu ansiedad de que te hagan permanecer atascado. Eres tú quien tiene que decidir que ya es suficiente. No hay forma de anular tu pasado ni de hacerlo desaparecer. Así que pregúntate a ti mismo cómo quieres vivir tu vida de aquí en adelante. Para lograr el éxito, tendrás que ser claro respecto a qué tienes voz y voto.

La vida consiste en elegir, y tú eres plenamente responsable de las decisiones que tomas. El llegar a entender esto puede ser tanto aleccionador como liberador. Sin embargo, en lo más profundo de tu interior, sabes que no puedes *elegir* sentir pánico o no sentirlo, si tener ansiedad o no, o si estar o no preocupado. Si la ansiedad fuera una elección, nadie escogería sentirla.

Cuando decides decirte a ti mismo VIVE, tu elección consiste en practicar una relación más acogedora y cordial con tu ansiedad. En vez de tratarla como a un enemigo, aprendes a tratarla como si fuera un amigo. Esto no quiere decir que tenga que gustarte todo de la ansiedad, al igual que tampoco te gusta todo de un amigo, una pareja o un familiar. Pero tú sí tienes mucho que decir respecto a *cómo escoges responder* a tu malestar y dolor emocional cuando lo sientes, y a *qué hacer* con él.

TOMA DECISIONES DIFERENTES

Detengámonos en algunas situaciones concretas en las que tenemos el poder de elegir lo que hacemos cuando nuestros miedos y ansiedades asoman.

- Puedo observar lo que mi mente dice sin hacer nada, en vez de hacer lo que mi mente me dice que haga.
- Puedo salir al encuentro de mis ansiedades con compasión y las dejo que estén ahí, en vez de seguir luchando contra ellas o intentando que se vayan.
- Puedo observar lo que hace mi cuerpo, en vez de escuchar lo que mi mente me dice respecto de lo que mi cuerpo hace.
- Puedo no hacer nada con relación a los sentimientos y pensamientos fruto de mi ansiedad, en vez de tratar de distraerme, de tomar pastillas y de huir de ellos.
- Puedo practicar la paciencia conmigo mismo, en lugar de culparme y menospreciarme, a mí mismo o a los demás, por tener ansiedad.

> Puedo seguir con mi vida acompañado por las ansiedades, en lugar de luchar contra ellas y quedarme atascado.

Depende de ti si te quedas con tus ansiedades, si reconoces su presencia, si las dejas estar, si las observas con curiosidad y aceptación bondadosa, o si, por el contrario, haces lo que te dicen, te agarras firmemente a la cuerda en ese tira y afloja, y sucumbes a los impulsos de actuar y escoges la evitación, la huida, la supresión o cualquier otra forma de intentar controlar o liberarte de la ansiedad. De verdad, ¡tú decides!

49

Habita tu cuerpo

Al igual que puedes tocar el apoyabrazos de una silla, sentir su textura, también puedes tener contacto con tu vida emocional. La práctica consiste en conseguir conocerte a ti mismo y a aquello que realmente sientes cuando la ansiedad y el miedo surgen en tu vida.

Así que has de practicar cómo «tocar tu experiencia», hacerle espacio, aprender de ella. Pero recuerda que no se trata de meterte en el barro y en el malestar así porque sí. Tampoco tienes que hacerlo apretando los nudillos. La práctica consiste en abrirte a lo que tu cuerpo y tu mente te ofrecen. Hay que dejar de oponer resistencia y de luchar. De esta forma lograrás transformar la relación contigo mismo y crear el espacio que necesitas para avanzar en las direcciones que a ti realmente te importan.

Mientras practicas el ejercicio que sigue, ten siempre presente por qué lo haces. Se trata de vivir tu vida con ansiedad o sin ella. Se trata de dejar de pelear. De no resistirte más. Se trata de abrirte y aceptar, con compasión y curiosidad, tus experiencias emocionales. Esta apertura es con toda probabilidad la cosa más amable que puedes hacer por ti mismo.

CONTACTO EMOCIONAL

Empieza poniéndote cómodo en un sitio en el que puedas estar tranquilo sin que nadie te moleste durante cinco o diez minutos. Sigue las instrucciones lo mejor que puedas y utiliza tu imaginación para recrearlas en tu mente y en tu corazón.

- ¿Qué es para ti lo más difícil de sentir ansiedad o miedo? Detente durante un momento y piensa en lo que sientes en tu cuerpo, céntrate en las sensaciones físicas que estás experimentando. ¿Qué sensaciones físicas sueles experimentar (por ejemplo, tensión, taquicardias, mareo, náuseas)?
- ¿Cómo tienden a interferir estas sensaciones físicas con lo que tú realmente quieres hacer? Aquí céntrate en algo que sea importante para ti, escoge uno de los valores más relevantes para tu persona.
- Ahora para. Selecciona una de las sensaciones físicas que estarías dispuesto a explorar.
- Para esa sensación física, decide si estás deseando explorarla tal cual es. Recuerda que la buena disposición es una elección, puedes escogerla o no. A menos que te muestres dispuesto, no tiene sentido seguir avanzando. Por ello, decide si tu vida y tus valores son lo suficientemente importantes como para que estés dispuesto a ver cómo es realmente sentir lo tú sientes.

- Ahora pregúntate: «¿He sentido esta sensación física antes de que formara parte de mi ansiedad?». Mira bien en tu pasado, porque es probable que sí la hayas sentido antes. Mientras miras al pasado, pregúntate: «¿Es necesario que esta sensación física sea mi enemigo?». E incluso si no te gusta, ¿estás dispuesto a experimentarla tal como es, como una sensación física de tu cuerpo?
- Ahora cierra los ojos y céntrate en ese valor que es importante para ti. Mírate a ti mismo haciendo lo que te importa mientras hace acto de presencia en ti esa sensación física.
- Percibe la sensación en tu cuerpo con cierta curiosidad. ¿Dónde la sientes? ¿Cómo es realmente? Ahora respira amplitud y bondad dentro y fuera de esa sensación física. Imagínate tocándola con el aliento de la sanación y la bondad. Continúa hasta que percibas cierta amplitud.
- Vuelve ahora a ponderar de nuevo esa sensación física. ¿Realmente es tu enemiga? ¿O puedes contenerla suavemente contigo cuando aparece, seguir adelante y continuar haciendo lo que te importa? Puedes, claro que puedes. ¡Puedes hacerlo, aunque tu mente te diga lo contrario!
- Antes de terminar, párate y piensa en todo lo que has aprendido sobre ti mismo. Estás aprendiendo a habitar tu cuerpo emocional de una forma nueva.

Puede que este ejercicio te haya parecido difícil, pero se irá volviendo más sencillo con la práctica. Por lo tanto, tómate un tiempo para repetir el ejercicio varias veces, siempre con una única sensación física. Hazlo hasta que verdaderamente empieces a sentir espacio para contener esa sensación sin resistirte ni luchar. Después podrás pasar a otra sensación que estés dispuesto a explorar. Mientras lo haces, ten presente que estás cambiando tu relación con tu cuerpo emocional. Ya no sigues luchando, estás en un lugar en el que puedes moverte con ello y hacer lo que te importa en tu vida diaria. Ahora eres tú quien está al cargo.

50

Crece en la adversidad

La ansiedad y otros dolores y heridas emocionales no son tus enemigos. Son tus maestros. Piensa en ello durante un momento. Sin experimentar alguna decepción, nunca aprenderías a gestionar más tranquilamente tus expectativas respecto al futuro. Sin daño y frustración, no conocerías la bondad, la compasión ni la perseverancia. Sin exponerte a información novedosa, no aprenderías nunca nada nuevo. Sin miedo, no adquirirías nunca valentía. Incluso el caer enfermo tiene un fin: fortalecer tu sistema inmunitario y ayudarte a valorar la buena salud.

Son los momentos de adversidad y dolor los que te permiten crecer y cambiar. Te enseñan destrezas importantes. Te aportan nuevas perspectivas. Los necesitas. Te dan grandes oportunidades para expandirte más allá de tu zona de confort y crecer.

Cuando te enfrentes a la dificultad, céntrate en lo que puedes controlar para tener tus necesidades cubiertas y seguir avanzando hacia lo que para ti es importante. Cuando vivas experiencias dolorosas, aplica las destrezas que has adquirido del observador compasivo. Escoge abrirte a esas experiencias y acogerlas para, junto con ellas, hacer aquello que es importante para ti. Esto es algo que puedes hacer.

Pero necesitarás un plan específico que te ayude a seguir adelante aun cuando se presenten adversidades. Tendrás que ser capaz de detectar el viejo e inútil programa para crear las condiciones óptimas para que en ti crezca la verdadera felicidad. El siguiente ejercicio te ayudará a conseguirlo.

¿VAMOS HACIA ATRÁS O HACIA ADELANTE?

Cuando te encuentras con obstáculos y no estás seguro de si la acción que tienes planeada es buena para ti, plantéate una pregunta sencilla: «¿Mi respuesta a este hecho, pensamiento, sentimiento, preocupación o sensación corporal me acerca o me aleja del lugar al que quiero llegar en mi vida?». Lo que sigue son posibles variaciones a esta pregunta crucial:

- Si ese pensamiento (emoción, estado corporal, memoria) me aconsejara algo, ¿el consejo me llevaría hacia adelante en mi vida o me dejaría atascado en el mismo punto?
- ¿Qué consejo me daría ahora mismo mi valor __________ (piensa en uno de tus valores más importantes)?
- ¿Qué le aconsejaría a mi hijo, o a otra persona, que hiciera en esta misma situación?

- Si otros pudieran ver ahora mismo lo que yo estoy haciendo, ¿me verían haciendo cosas a las que yo doy valor?
- ¿Hacia qué valiosa dirección me han llevado mis pies cuando he seguido este consejo?
- ¿Qué me dice mi experiencia sobre esta solución? ¿Y en qué confío yo más, en mi mente y mis sentimientos, o en mi experiencia?

Cuando te enfrentas a la adversidad y a la duda, es muchísimo más útil plantearte preguntas como estas en lugar de escuchar aquello que se le ocurre a tu imprudente y ansiosa mente, o lo que parecen estar diciéndote tus impulsos cuando se disparan. Las respuestas te recordarán que las soluciones pasadas no funcionaron. Ahora puedes escoger hacer algo nuevo.

51

Paso a paso

Tu vida está formada por los pasos que vas dando, por todo aquello que haces. Cada paso te acercará a lo que es importante para ti o te alejará de ello. La clave está en dar pasos inteligentes, y por medio de ellos construir tu vida y las circunstancias precisas para que conseguir una felicidad auténtica.

Los pasos inteligentes son aquellos guiados por tus valores, esas estrellas polares de las que hablábamos en un capítulo anterior. Los valores, como ya vimos, son como un faro. Te señalan aquello que es importante para ti. Se trata de algo fundamental cuando te sientes arrastrado y empujado en medio de un mar de preocupaciones, ansiedad, pánico, fatalidad y pesimismo.

Lo más maravilloso de tus valores es que pueden darle un significado muy personal a tu vida. La clave para vivir tus valores en la práctica es, de nuevo, fragmentarlos en pequeños pasos graduales. Vivir una vida rica y plena consiste en ir dando pasos, da igual que sean grandes o pequeños, hacia los objetivos que tenemos y poniendo en práctica nuestros valores, todos los días.

Debes comprometerte a dar estos pasos. Para ello has de fijarte objetivos inteligentes [SMART, acrónimo en inglés] y actuar en consecuencia. Veamos cómo son los objetivos inteligentes:

1. Específicos (*Specific*). Plantéate objetivos concretos en tu vida.
2. Significativos (*Meaningful*). Fíjate objetivos que te importen y que reflejen tus valores.
3. Activos (*Active*). Plantéate metas que puedas conseguir por ti mismo y que de alguna manera aporten a tu vida satisfacción y vitalidad.
4. Realistas (*Realistic*). Ponte como meta objetivos razonables teniendo en cuenta tus circunstancias vitales.
5. Temporalizados (*Time-framed*). Sé capaz de comprometerte a dar ese paso en un día y una hora concretos, fija también el lugar. (Y una vez logrado, ¡no te olvides de darte una palmadita en la espalda!).

Los objetivos SMART son como los destinos que visitarás en tu viaje hacia la realización de tus valores, los escalones por los que subes hacia ellos. Ahora es tu turno.

El siguiente ejercicio te enseñará a fijarte objetivos SMART que incorporen tus valores y te permitan avanzar en la dirección que realmente te importa.

CÓMO ESTABLECER OBJETIVOS SMART

Escoge un valor que desees manifestar de forma más plena e incondicional en tu vida. Escríbelo en una o dos palabras, tenlo todo el tiempo en mente mientras desarrollas objetivos SMART que den vida a ese valor en tu existencia.

Una vez que tienes este valor claramente dibujado en tu cabeza, cierra los ojos y pregúntate a ti mismo: «¿Qué tendrían los demás que verme hacer para constatar la expresión de este valor?». Piensa tan en grande o pequeño como quieras, pero sé específico. Ten clara en tu mente la imagen de lo que te viste a ti mismo haciendo. Si lo prefieres, puedes anotarlo. Ahora tienes ya un objetivo específico.

Después, mientras escuchas a tu corazón y atiendes a lo que realmente te importa y te fijas en lo que quieres ser como persona, pregúntate a ti mismo: «¿Esto realmente me importa a mí? ¿Y esta acción expresa lo que hay en mi corazón?». Si puedes responder «sí», tienes un objetivo significativo.

Fíjate de nuevo en tu objetivo específico. Asegúrate de que es algo que puedes controlar y hacer con tu boca, tus manos y tus pies. Y asegúrate también de que es algo que podría aportarte vitalidad y satisfacción, aun cuando el hacer lo que te propones en ocasiones sea todo un reto. Un objetivo activo debería ser algo que hiciera que tu boca, tus manos y tus pies se pusieran en movimiento; debería dejarte con la sensación de que realmente has hecho algo bueno para ti mismo y para tu vida. Si piensas que esto lo cumple la acción que seleccionaste, entonces tienes un objetivo activo.

¿Y, es tu objetivo realista y posible en el tiempo previsto? Aquí es importante que te fijes honestamente tanto en tu vida como en tus circunstancias. Plantéate si necesitarías coordinar tus planes con otros. Y no te fijes un objetivo que sea pretencioso ni que exceda lo que puedas hacer. El salir a caminar 20 minutos tres veces por semana puede ser un objetivo SMART realista al servicio de los valores relacionados con la salud o incluso con aquellos que tienen que ver con disfrutar de la naturaleza. Sin embargo, el decidir de repente correr una maratón mañana sería algo irreal.

La última pieza importante aquí implica acción en tu vida. Una vez que te fijas un objetivo SMART, da el paso de hacer realidad tus valores en situaciones que han sido complejas para ti. Comprométete y cúmplelo. Emplea todas las herramientas que se te ofrecen en este libro para ayudarte a avanzar junto con tu mente y tu cuerpo ansiosos. Y después date un tiempo para reflexionar sobre lo que has aprendido y lo que se siente al hacer algo que es bueno para ti y para tu vida.

No te desanimes si en alguna ocasión no llegas a dar el paso. Cuando eso suceda, vuelve a lo que es importante, replantéate tu objetivo SMART (o adáptalo lo que sea preciso), utiliza las destrezas de las que hemos hablado en este libro y comprométete a dar otro paso una vez más. Incluso los pasos más pequeños te permitirán llegar a la cima de las montañas más altas.

52

El viaje continúa

Seguro que te suena familiar el dicho aquel de: «La vida es un viaje, no un destino». Sin embargo, por trillado que esté, contiene una gran verdad. Lo mires por donde lo mires, tu viaje (todo eso en lo que inviertes o no inviertes tu tiempo) constituye aquello a lo que algún día, volviendo la vista atrás, llamarás tu vida.

Mereces ser auténticamente feliz. Y tu viaje aún no ha concluido. A lo largo del camino te toparás con nuevos obstáculos, te surgirán dudas, sufrirás contratiempos. Resurgirán también de nuevo las barreras de la vieja ansiedad. Algunas veces dejarás de cumplir con tus compromisos. En ocasiones caerás en los hábitos de la vieja ansiedad. De vez en cuando tardarás más de lo que esperabas en alcanzar un objetivo. Pero todo esto, y aún más, está bien, no pasa nada. Cada uno avanzamos a nuestro propio ritmo.

Puedes recurrir a las estrategias y las destrezas que has aprendido con este libro siempre que la *dificultad* amenace con interponerse en tu *vitalidad*. Así es como lograrás seguir avanzando y VIVIR.

El permanecer ahí quieto, con todas tus ansiedades, tus dudas y tus miedos, y no enzarzarte ni enmarañarte con todos ellos supone una de las cosas más duras con que nos topamos al practicar la valentía a diario, y es también el primer paso del enfoque VIVE: dejar ir todo tu diálogo interno y tu lucha. Con el tiempo irás adquiriendo mayor destreza, siempre y cuando continúes practicando la bondad para con tus propios errores y limitaciones y con la tan humana incapacidad de ser perfecto.

Comienza cada día con este compromiso. Quizás puede ser algo como: «Hoy daré lo mejor de mí para actuar con bondad y valentía». Después acompaña estas palabras de la intención de hacer que tu día esté lleno de valor, sea valioso. Por la tarde, vuelve atrás y examina tu día con una gran bondad amorosa. No te machaques a ti mismo si tu jornada termina repleta de alguna de las mismas viejas cosas que llevas haciendo siempre. Fíjate en las cosas nuevas e importantes que sí que lograste hacer ese día.

La compasión, la suavidad, la flexibilidad y el valor son destrezas y antídotos poderosos para el sufrimiento. Reconoce que solo eres un ser humano y que vas a cometer errores y sufrir reveses. Nunca vas a ser capaz de ser valiente y aceptar lo que venga todo el tiempo; aun así, sigues avanzando día a día en dirección hacia lo que te importa.

Lo fundamental aquí es que estás dando pasos para mirar con aceptación y compasión a ti mismo y a tus preocupaciones, tus ansiedades y tus miedos. Los pequeños pasos acaban sumando. Antes o después te darás cuenta de que la bondad y la paciencia se han convertido en hábitos en tu vida. Date tiempo. El trabajar este libro durante unas semanas no supone el final de nada. Es el comienzo de un nuevo capítulo de tu vida. Y el trabajo no se termina con este libro. El viaje de tu vida dura toda una vida.

Continúa practicando las destrezas que has aprendido en este libro. Céntrate en los ejercicios y en las metáforas que te han sido especialmente útiles para no quedarte atascado y poder continuar adelante. Vuelve a ellos y céntrate de nuevo en ellos.

Por último, muchos de los ejercicios de este libro incluyen algún tipo de meditación. Hay una buena razón para ello. Si nos basamos en nuestra propia experiencia y en infinidad de estudios, sabemos que la meditación es una de las maneras más poderosas de llenar nuestra vida de felicidad y plenitud. El Dalai Lama se aventuró a decir una vez que, si cada niño que va a la escuela hoy aprendiera a meditar y pusiera dicha meditación en práctica, en veinte años habría paz en el mundo. Aun cuando tengas más de cinco años, nunca es demasiado tarde para introducir cambios y crear paz, al menos en tu propia vida. Por ello, escoge una forma de meditación con la que te sientas a gusto y adhiérete bien a ella. No te arrepentirás.

Realizar cambios entraña riesgos. Las cosas a veces salen mal o no resultan como las habíamos planeado. Sin embargo, el mayor riesgo que podemos correr en la vida es no arriesgarnos en absoluto. Hay pocas cosas en la vida de las que podamos tener certeza. El futuro es, por definición, desconocido. La mayoría de las elecciones implican riesgos por esta misma razón. El optar por lo superseguro nos garantiza que nada cambiará. Y, si nada cambia, terminarás yendo hacia donde has ido siempre antes: hacia un lugar que te paraliza, en el que sufres y en el que te quedas atascado esperando a que tu vida arranque. El arriesgarte a vivir tu vida, mientras puedas, quizás sea peligroso, pero la recompensa es enorme. Obtendrás más de lo que quieres. Cuando te arriesgas a vivir tus sueños, estos sueños podrían volverse realidad.

Antes de concluir, dediquemos un momento a reflexionar sobre una pregunta a la que puedes volver una y otra vez a lo largo de tu vida. No estamos ante un ejercicio que simplemente tengas que llevar a cabo unas cuantas veces para luego seguir adelante. Por el contrario, estamos ante una tarea muy práctica y muy relevante que te animamos a seguir realizando durante el resto de tu vida. Es el enfoque de: VIVE tu vida.

VIVE EL INTERROGANTE DE LA VIDA

Lo que aquí llamamos el «interrogante de la vida» es, con mucha diferencia, la pregunta más importante que la vida te hace cuando te encuentras con barreras, problemas y dolor.

Cuando lleguen esas ocasiones, *detente*; respira profundamente una o dos veces, y plantéate a ti mismo esta sencilla vital pregunta:

¿Estoy dispuesto a aceptar todo lo que la vida me ofrece y aun así a seguir haciendo lo que me importa?

Todos y cada uno de nosotros debemos enfrentarnos a esta pregunta directamente y estar dispuestos a responderla, en cada momento, durante todo el tiempo que estemos vivos.

Y resulta que «sí» es la única respuesta que te ayudará a crear una vida acorde a tus valores. Responder «no» únicamente significa una cosa: estás escogiendo no vivir la vida que quieres. Aun cuando te descubras a ti mismo respondiendo ahora mismo «no» a la vida que quieres, recuerda que siempre puedes decidir cambiar tu respuesta, dar un paso firme en un nuevo camino, y arriesgarte a hacer algo nuevo para lograr un resultado diferente en tu vida.

Lo más gratificante que puedes llevar a cabo para crear una vida que te llene es hacer buen uso de cada momento de cada día. Depende de ti cómo decidas utilizar tu preciado tiempo y tu codiciada energía de hoy en adelante. La ansiedad se presenta en la vida de todo el mundo. Mas no tienes que dejar que se apodere de tu vida y tome el control. Puedes centrarte en conseguir que tu vida siga. Las destrezas que has estado aprendiendo a lo largo de este libro son tus amigas y te ayudarán a seguir en el camino, con o sin ansiedad.

Utiliza tu tiempo de manera inteligente. No hay manera de volver atrás, no hay forma alguna de trasladar al mañana los momentos perdidos de hoy. Al final todo sumado resulta lo que llamas tu vida. Aprovéchala al máximo. Haz que tenga un sentido más grande que tu ansiedad. Sabemos que puedes hacerlo. Dispones de las destrezas necesarias. Sigue alimentándolas. Déjalas crecer. Haz realidad tus valores. Esto es lo que verdaderamente importa y lo que, al final, lleva a la gente a decir: «Fue una vida muy bien vivida».